# 中小学必读美德书

## 王志泽 编著

美德是珍贵恒久的人性光辉，是永不凋谢的心灵之花！

书中这些故事或纯美动人，或富含哲理，它们一点一滴慢慢滋润我们的心田，让我们感受到善良、正直、勤劳、宽容、诚信、谦逊、责任等美德的力量，领略到美德的真谛。

团结出版社

UNITY PRESS

# 图书在版编目(CIP)数据

中小学必读美德书 / 王志泽编著. —北京 ：团结
出版社，2014.1(2017.10 重印)
ISBN 978－7－5126－2330－9

Ⅰ. ①中… Ⅱ. ①王… Ⅲ. ①诗集－世界 Ⅳ.
①I12
中国版本图书馆 CIP 数据核字(2013)第 302527 号

出　　版:团结出版社
　　　　　(北京市东城区东皇城根南街 84 号　邮编:100006)
电　　话:(010)65228880　65244790(出版社)
　　　　　(010)65238766　85113874　65133603(发行部)
　　　　　(010)65133603(邮购)
网　　址:http://www.tjpress.com
E － mail:65244790@163.com（出版社）
　　　　　fx65133603@163.com（发行部邮购）
经　　销:全国新华书店
排　　版:北京文贤阁图书有限公司
印　　刷:北京中振源印务有限公司

开　　本:710 毫米×1000 毫米　16 开
印　　张:15
印　　数:5000
字　　数:180 千
版　　次:2014 年 1 月　第 1 版
印　　次:2017 年 10 月　第 2 次印刷

书　　号:978－7－5126－2330－9/I.879
定　　价:39.80 元

# 前　言

　　美德并非某个民族,某个国家或某个区域的专属传统,而是全人类至善至纯至高人性的结晶。

　　岁月就像一本书,有一些故事让我们感动;有一些情感伴我们成长;有一些爱震撼我们的心灵;有一些感悟让我们开始思考……

　　美德,就像一盏灯,指引着我们前进,时时提醒我们不脱轨、不掉队。美德故事就像灿烂的阳光,暖了我们成长的岁月,提高了我们个人的品质。

　　我们的目的,并非让你记住不能做什么或能做什么,而是让你在别人的故事当中明白为何不做、为何要做。书中故事所蕴含的哲理直指人心,极易唤起我们的美德意识,陶冶我们的个人情操,健全我们的人格。美德熏陶了我们的灵魂,激发了我们的心灵,照亮了我们的生活。当我们在紧张的学习之余,找出些许时间,静静品读,深深思考,心情就会安静,灵魂就会升华,心境则舒展自如、平和清朗。

　　为了提高本书的阅读性,我们并没有编辑太多的伦理知识,而是通过中小学生喜闻乐见的哲理、寓言、传奇等体裁的故事来反应主题思想。每一则平凡的故事中都包含着心灵的跳动,每一段简淡的文字里都蕴藉着爱的哲理,每一个普通的人物身上都浓缩着美德的真谛。本书旨在培养中小学生良好的生活态度和个人品格,从而使中小学生成为一个信念坚定、爱心满

怀、行动积极、人格健全的人。

愿美德的种子在所有人身上扎根、发芽、成长……


爸爸、爸爸,海为什么是蓝的

(孩子把手指向海)


那是天的缩影


天为什么是蓝的

(孩子举起了头)


那是心灵的放大

……

# 目　录

## 第一辑　真情——点亮心灵的灯盏

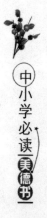

## 第二辑　博爱——温暖人间的乐章

## 第三辑　诚信——做人做事的本分

# 第四辑　责任——人生路上的坐标

# 第五辑　自信——打开潜能的钥匙

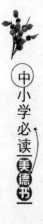

# 第六辑　勇气——通往彼岸的动力

# 第七辑　谦虚——不断进取的前提

# 第八辑　勤俭——成就梦想的基石

中小学必读美德书

# 真情——点亮心灵的灯盏

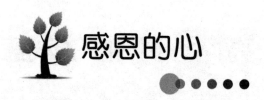

# 感恩的心

婷婷的妈妈每天都很忙,早上出去,直到晚上才能回来。每天黄昏的时候,婷婷就会站在自家门口等妈妈。对于她来说,那是她一天中最幸福的时光,因为她可以吃妈妈给她带回来的年糕。婷婷的家乡很穷,所以一块普通的年糕也是美味。

一天,从傍晚开始就一直下大雨。婷婷一直盼望着妈妈早点回来,可到了很晚依旧不见妈妈的身影。

雨,越下越大,天,越来越黑。小女孩决定顺着妈妈每天回来的路自己去找妈妈。她走啊走啊,走了很远,终于看见了倒在路边地上的妈妈。

她使劲摇着妈妈的身体,妈妈却没有回答她。她以为妈妈太累,睡着了。

婷婷将妈妈的头端起放到自己的腿上,她想,这样妈妈也许会睡得舒服一些。

但是这时她发现,妈妈的眼睛没有闭上!小女孩突然意识到:妈妈可能已经死了!婷婷感到了无比的恐惧,她发现妈妈的手开始冰凉。她拉过妈妈的手使劲摇晃,却发现妈妈手里还捏着给自己准备的年糕。婷婷不住地哭,却发不出一点声音。

无情的雨越下越大,婷婷知道妈妈再也醒不过来了,剩下的日子只有自己一个人。妈妈的眼睛为什么闭不上呢?她是因为不放心她吗?她突然懂得了自己该怎样做。

她擦干眼泪,决定用自己的语言来告诉妈妈一定会好好地活着,让妈妈放心地走……

婷婷饱含泪水，一遍又一遍地给妈妈念那首感恩的心：

我来自偶然，像一颗尘土

有谁看出，我的脆弱

我来自何方，我情归何处

谁在，下一刻呼唤我

天地虽宽，这条路却难走

我看遍这人间，坎坷辛苦

我还有多少爱，我还有多少泪

要苍天知道，我不认输

感恩的心，感谢有你

伴我一生，让我有勇气做我自己

感恩的心，感谢命运

花开花落，我一样会珍惜

我来自偶然，像一颗尘土

有谁看出，我的脆弱

我来自何方，我情归何处

谁在，下一刻呼唤我

天地虽宽，这条路却难走

我看遍这人间，坎坷辛苦

我还有多少爱，我还有多少泪

要苍天知道，我不认输

感恩的心，感谢有你

……

就这样，婷婷一遍遍地给妈妈念，直到妈妈的眼睛完全闭上。

有一颗感恩的心，我们的生活才会充满温馨。不要忘记老天给我们的雨露，不要忘记大地给我们的五谷，不要忘记父母给我们的爱。记住每一个微

笑,倾听每一句祝福的话,这样我们的内心才会丰盈,我们的生活才会幸福,我们的灵魂才会更加纯洁。

 血爱

从小,他爹就给他起了一个名字——学娃。他爹的意思是希望学娃他长大后能好好上学,然后有出息。

学娃真就不辱爹命,读书一直很上进,门门功课在班上都是数一数二。对此,学娃爹十分高兴,也十分坚信学娃能有大出息。

高中毕业后,学娃到省城上大学。学娃上大学的消息一经传出,在村里成了新闻,因为学娃可是村里唯一的大学生啊!学娃爹的高兴劲就更不用说。

就在准备去上学的前一天晚上,学娃爹从箱底取出一个铁盒子,打开后从里头拿出一个手绢包,然后对学娃说:"学娃啊,这里全是爹爹给你积攒的学费。在学校里要是缺钱用了,就往家里捎个信,可不要委屈了自己啊!"

学娃想说点什么,可又说不出什么。

学娃进了省城的大学后,比原来学习的劲头更猛。他想只有好好学习才会有出息,才会让父亲过上好日子。

刚开始,学娃知道自己家的经济条件不好,所以一直省吃俭用,极少向家里要钱。很快,就到了大三。这一年,对于学娃来说就是"情窦初开"的一年,他第一次喜欢上了一个女孩子,两人很快进入了热恋。

恋爱的学娃开始知道钱对自己有多重要。因为现在的女孩很少有几个会谈一场"柏拉图"式恋爱了。于是,学娃开始频频向父亲要钱了。

虽然家里没钱,可学娃爹还是告诉学娃过几天就给学娃把钱寄过去。他在心里告诉自己,再穷不能穷教育,再饿也不能饿孩子。

学娃爹每次给孩子寄钱时都会在信上说上这么一段话:学娃,你好好学习,不用担心家里的事情。要是钱不够用就立刻告诉家里一声……

而学娃呢,则在心里想,现在我爹给我钱,以后我出息了我给他钱就好。每次,学娃都是通过这种方式来安慰自己。

快毕业时,学娃接到家里发来的一封电报。从电报上他得知,父亲病危!

当晚,学娃就坐上了回家的火车。

回到家后,他第一反应就是跪在父亲的床前哭。学娃的父亲再不能说话了,只是用疲惫的眼神看着他。平静下来后,学娃问村长自己的爸爸到底得了什么病,为什么说倒下就倒下了,父亲的身体一向十分硬朗。村长说:"还不是因为供你上大学。为了你的学费和生活费,他干起活来就没日没夜,还经常到医院卖血。"

听完,学娃心里像打翻了五味瓶,什么滋味都有,但就是说不出话来,只是一味地在父亲床前磕头。

# 一片苦心

阿郎的父亲是富甲一方的有钱人。父母在 45 岁时才有了阿郎,所以全家人对他都十分疼爱,捧在手里怕摔了,噙在口里怕化了。特别是阿郎的母亲,更是对儿子宠爱有加。

由于从小受到父母的宠爱,阿郎长大后顽劣异常,每天都和一群酒肉朋友

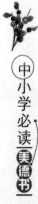
中小学必读美德书

一起吃喝玩乐。由于家里有钱,阿郎根本没有钱的概念,经常挥金如土。

但阿郎的父亲一向都看不惯这样的行为,对其进行了多次教育,甚至还为此打过自己心爱的儿子。每当此时,母亲总是出来,哭天抹泪,使父亲无计可施。阿郎的功课一塌糊涂,中学毕业没能考上大学,终日和一帮狐朋狗友混迹于酒楼舞厅。这时母亲突然亡故,父亲对自己的儿子彻底失望了,于是就和阿郎解除父子关系,把他赶出了家门。

这时,当阿郎希望得到以前朋友的帮助时,朋友们都消失了,故意躲着不见自己。为了养活自己,他去了人才市场,但是由于自己的学历不高,再加上自己又做不了重活,所以最终的结果还是应聘无门。

无路可走,眼看就有饿肚子的危险,阿郎突然想到,自己学过几天人物素描。他颇为自得,就决定去街头给人画像,以此来养活自己。

于是,阿郎就找了一个地方,盼望着过客的留意。可一个星期下来,都没有人光顾。他对自己的父亲的仇恨越来越深,但立刻又想到,不能向父亲示弱,一定要做出一番事业让他看看。阿郎是个倔脾气,从不向人低头。

一天,阿郎又背着画夹来到了街头。就在这天,阿郎迎来了他的第一个顾客,挣到了人生当中的第一笔钱——十元。

晚上回到廉价的出租小屋后,他捏着这十元钱兴奋得难以入睡。就是去年父亲花了一百多万给他买车的时候他都没有这么快乐过。这次,冷酷的世界向他露出了笑脸。这段时间,可以说是阿郎生命当中最重要的一段时间,他开始对社会和世界有了认识,开始思考人生,开始自食其力。

从此,阿郎一边钻研画,一边给人画像,顾客渐渐多了起来。不久,吃饭的问题解决了,还略有盈余。随着钻研的逐步深入,阿郎渐渐悟到自己在绘画方面缺乏天赋,终其一生也不可能有太高的造诣。于是,他就把主攻方向调整到自己比较感兴趣的平面设计方面。

大概五六年后,阿郎利用画像赚来的钱,开了一家室内装修公司。

在阿郎的拼劲和自信面前,厄运似乎也吓得躲了起来,阿郎的公司顺风顺水,越开越大。不久,阿郎的名字便成了本地装修行业的一块金字招牌。阿郎买房置车,俨然成了名人。

这时,父亲多次通过亲友游说,想同阿郎和解。阿郎仍不肯原谅父亲。

一日,堂兄登门,对阿郎说:"钟叔病重了,想见你。"

阿郎漠然地说:"我没有这个爸爸。"

堂兄说:"父母之恩,水不能溺,火不能灭,人怎能连父亲都不认呢?"

阿郎说:"现在我有钱了,想起我来了,当初我被撵出家门,在街头差点饿死那阵儿,他干吗去了?"阿郎提起往事,仍气愤难平。

堂兄叹了叹气,说道:"其实你的父亲一直都在暗中关注着你,当你卖的时候,你的父亲坐车从旁边经过,从不流泪的他,那次竟然留下了眼泪。你以为凭你的绘画能力真的有人会找你画画吗。那个向你买画的人,是你父亲安排的人。后来,你全部卖出去的画都是你父亲派人买的。你一画就是很多年,他看你画技没有提高,忧心如焚。后来你转行了,学做平面设计,这时他的眉头才有所舒展。后来,你开了自己的装修公司。你父亲一直很关注,你的头几单生意都是他贴钱指定人找你做的。直到后来,你上路了,公司运营起来了,他才没那么做。你的母亲在时,对你宠爱有加,为此他们俩没少吵架。后来呢,你直接荒废了学业,整天和一群不三不四的人混在一起,你父亲是怕你毁了自己才赶你出门的。出来后,你自己也知道生活的艰辛,学会了重新做人。"

听完堂兄的话,阿郎扔下手里的茶杯,直奔医院。

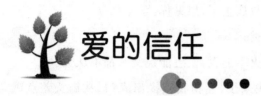

# 爱的信任

1989年，美国洛杉矶发生一次几十年难遇的地震。短短几分钟，就有三十万人的生活受到迫害。

在洛杉矶的郊外的一个小镇上，一个年轻的父亲在混乱和废墟中安顿好受伤的妻子后，便拼命跑向自己儿子所在的学校。等他到了学校时，哪还像学校，简直就是一片废墟。年轻的父亲大喊："我的孩子，我的阿曼达，你在哪里，回答我。"

没人回答，过了一会儿，他猛地想起自己常对儿子说的一句话："不论发生什么，我总会跟你在一起！"接着，他便向废墟走去。他知道儿子的教室在一层左后角处，他疾步走到那里，开始动手。

就在他收清理废墟时，已有不少父亲赶到。看到这片废墟，他们痛哭并大喊："我的儿子！"哭过之后，他们绝望地离开了。有些人上来拉住这位父亲说："太晚了，他们已经死了。"这位父亲的双眼直直地看着这些好心人，问道："你们这里的人，有谁愿意帮助我？"他没听到任何回答，于是接着挖。

救火队长挡住他："太危险了，随时可能发生爆炸，请你离开。"

这位父亲问："你是不是来帮助我的？"

警察走过来："我们知道你一定很难过，其实我们也很难过，但是你要控制住自己，现在赶快回家去吧。"

"你是不是来帮助我的？"他每见到一个人就问一次。

人们都摇头叹息着走开了，都认为这位父亲因失去孩子而精神失常了。

他的心中只有一个信念,我的孩子在等我。带着这个信念,他挖了 8 个小时、24 小时、36 个小时……他的双手血肉模糊,双眼布满血丝,浑身上下破烂不堪,到处是血迹。

谁也没想到,等他挖到第 40 个小时时候,他突然听到了一个微弱的声音在说:"爸爸,是你吗?我想真的是你。"

是儿子的声音!父亲大喊:"我的儿子!阿曼达!"

"爸爸,真不敢相信,真的是你吗?"

"是我,我的儿子,我就是你的爸爸。"

"在地震后的那一刻,我就告诉我的同学,你一定会来救大家出去的。因为你说你总会和我在一起的。"

"你现在怎么样?有几个孩子活着?"

"我们这里有 14 个同学,都活着,我们都在教室的墙角,房顶塌下来架了个大三角,我们没被砸着。"

父亲大声向四周呼喊:"这里有 14 个孩子,都活着!快来人。"

过路的几个人赶紧上前来帮忙。

一个小时后,人们打开了一个出口,解救了那些孩子。

年轻的父亲用颤抖的声音说道:"孩子,快出来让爸爸看看你。"

"爸爸,再等我一会吧。先让别的同学出去吧!我知道你会跟我在一起,我什么都不害怕。因为你曾经不止一次告诉过我,你会和我在一起。"

等到儿子出来后,父子两人无比幸福地紧紧拥抱在一起。

父亲,总能给人一种难以被别人取代的安全感。他让我们保持冷静,保持信心,让我们看到未来的希望,让我们有勇气去面对生活当中的各种不幸。

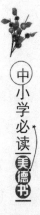

# 父亲的尊严

由于新生开学，所以学校门前挤满了报到的新同学。送新生的小车更是停满了停车场，看上去就像一场汽车博览会。

突然，一个衣衫褴褛的中年男子出现在了保安的视野中。他钻出钻进，手里拿着一只蛇皮袋，神色慌张可疑。接下来，一个保安上前去揪住了他的衣领，已经被磨破的衣领差点给扯下来。

保安大声训斥道："你也不看看势头，没看到今天是什么日子吗？要捡破烂你改天再来，简直有辱这里的环境。"

中年男子显得十分窘迫，但因为有那么多的家长和学生在，他一时紧张得说不出话来。这时，一个女孩从人群中冲了出来，说道："他是我的爸爸，我们是从乡下来的。"

这时保安的脸上露出了惊愕的表情，心想一个看着像捡破烂的人竟然也能培养出大学生？没错，这位农民来自湖北的偏僻山区，他的女儿是他们村有史以来第一位大学生。

女孩的父亲是个文盲，二十年前曾跟人到广州打工。因为不识字，看不懂劳务合同，一年下来只得到老板说欠他八百元工钱的一句话。没有钱买车票只得从广州徒步走回鄂西山区的家，走了整整两个月！在路上，伤心的他暗暗发誓，以后一定要自己的三个孩子上大学。

现在出来说话的那个女孩是家里的老大，也是第一个进小学念书的。从上小学后，他就开始独自上山砍柴，那时每担柴能卖五分钱。

上中学后，由于要给家里省钱，她坚持不吃早餐。从初中到高中，一如既往，从来没有吃过一次早餐。

现在，她长大了。她接过父亲手里的蛇皮袋，牵着父亲穿过人群。女孩的父亲也高高地昂起了头，因为他身旁有他的骄傲。

报到结束后，孩子的父亲拿着他的那只蛇皮袋，走上了回家的路。

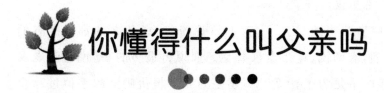

# 你懂得什么叫父亲吗

一次，张老汉的儿子被人打了。因为伤势不轻，所以被送进了医院。到医院后，张老汉的儿子一直处于昏迷状态。因为放心不下自己唯一的儿子，张老汉可以说是寸步不离，天天守在医院。很多次，他恨不得马上找到打自己儿子的人，然后替儿子报仇。

经过四天四夜的抢救，张老汉的儿子终于醒了。同时，派出所那边传来消息，凶手逃跑了，没能抓住。

看着眼前满身伤痕的儿子，张老汉愤怒了，他说，凶手就是逃到天边，他也要抓回来，让凶手伏法。

于是，张老汉开始寻找打伤自己儿子的人。他四处打听，终于在半个月后，他打听到了凶手藏匿的地方。于是通知了派出所，与警察一起去抓。但凶手实在是太狡猾了，居然从警察的包围之下逃脱了。这时，警察一路追赶凶手。而张老汉呢，则抄了近路，准备到前面去拦截凶手。

在河边，张老汉拦住了凶手。凶手看张老汉一人，就推倒了张老汉，然后向河对岸跑去。

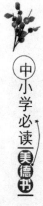

虽然是冬季,河面上的冰层厚可逾尺,但惊慌失措的凶手却忽视了一点,那就是垂钓者在冰上凿了好多窟窿,用以钓鱼。慌不择路的凶手在奔逃中,一头扎进了冰窟窿,瞬间便无影无踪。

起来后的张老汉一看,呆住了。但他略一迟疑,还是跳下冰窟窿,去救那个凶手。

警察赶到时,张老汉刚刚将那个凶手拖出冰面,而张老汉浑身均已湿透,冻得嘴唇乌紫,瑟瑟发抖。

经过这一冻,张老汉病倒了,卧床一个月。

一时间,这件事在当地传开了,人们议论纷纷,说什么的都有。有的说,这张老汉刚烈,有的说,这张老汉善良。而说得最多的,是说这张老汉糊涂。你拼命抓凶手是为了什么?不还是为儿子报仇吗?凶手掉进冰窟窿淹死才好呢,居然还冒着生命危险去救自己的仇人,值得吗?这不是糊涂蛋又是什么!

后来,一家电视台派了个采访组去采访他。镜头里的张老汉斜躺在病床上。记者问他:"是什么力量促使你一连奔波半个月,誓死也要抓住凶手呢?"

张老汉说:"我是父亲啊。"

记者又问:"那,为什么凶手落水后,你又要救凶手呢?难道你不恨凶手吗?"

张老汉还是说:"我是父亲啊。"

全部的人都以为张老汉出了毛病,因为,他答非所问。

记者也不懂了,一时间,有了空白的间歇。然后,记者费尽口舌,不断提问,想弄清楚张老汉真实的想法。

而张老汉的想法如此简单,他说:"我的儿子差点就没了,他在医院三日三夜没有苏醒的那段时间里,你能体会到一个父亲心中是怎样的滋味吗?凶手也是人呀,也是爹妈生父母养的,他犯的也不是死罪呀,他要是死了,他的父母心中,又是什么滋味?"

简短的话,将看到这个节目的人都感动了,人们也才真正懂得了张老汉举动的含义。张老汉抓凶手，是因为他爱自己的儿子，要让凶手受到法律制裁；张老汉救凶手，是因为他是父亲，他可以体会一个父亲失去儿子会有多大的痛苦。

任何人的生命都是宝贵的难得的，不论是罪犯还是恶人，他们的生命一样需要珍惜。伟大的爱都是互通的，存有爱心的人懂得痛苦，所以他们不再愿意别人去承受那种痛苦。学会爱身边的每一个人，懂得珍惜每一个生命。

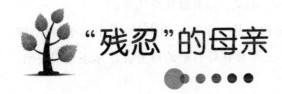

# "残忍"的母亲

一个离城很远的村庄里住着一户穷人，丈夫给邻家做活，妻子则是烤玉米饼卖，日子过得十分贫苦。韩石奉是他们唯一的儿子，他们都很疼爱他。一家三口的日子虽然过得清苦，但也过得和睦。

一年，不幸降临到了这家人身上。韩石奉的父亲患病去世。临死前，韩石奉的父亲对他的妈妈说："你要让孩子成为有学问的人，这样才会得到别人的尊重。"韩石奉的母亲听后，哭着向自己的丈夫保障一定实现他的遗愿。

韩石奉7岁那年，他的母亲告诉他，是上学的年龄了，应该好好读书，努力认字，这样才能有出息。于是，韩石奉离开母亲到城里上学。

韩石奉的母亲每天都想念自己的儿子，每天她都在计算还要多少年、多少月、多少天，才能见到自己的儿子，看到自己的儿子归来。

一天晚上，韩石奉母亲听见有人敲门。开门一看，原来是自己的儿子。她真想向孩子扑过去，把他抱在怀里，但她没有这么做，甚至连笑也没笑一下，只是问："你为什么提前回家？难道你各门学科的考试都通过了？"

韩石奉见母亲这样，哭着说："妈妈，我走了几十里路，从昨天到现在，我还没吃东西呢。"

虽然韩石奉的母亲很想拥抱儿子，把家里最好的东西给他，让他好好睡一觉。但她终究没有这样做，他还是问道："难道你读完了10年之内应该读完的书吗？"

儿子说："我之所以提前回来，就是因为我已经学完了别人10年要学的学科。"这时，韩石奉的母亲让儿子从挂在腰上的袋子里拿出笔和纸，然后吹熄了蜡烛，说："你在黑暗中写汉字，我烙饼。"过了一会儿，她又点燃了蜡烛。母亲一看儿子写的字并不是那么整齐，于是说："你看看我烙的饼。"

韩石奉看了看饼，每个饼都好像是从一个模子出来的，大小几乎一样，厚薄也差不多。这时，韩石奉的母亲把手放在韩石奉的肩上说："你还是回去吧，学业精通了再回来。"

韩石奉说："妈妈，我明天再走吧，现在我真的没有力气走了。"

母亲严厉地回答："没有时间休息，这些饼给你在路上吃，快走吧！"

于是，韩石奉只好在黑暗中上路了。到城里去的路很难走，山溪经常挡住他的去路，野兽就在附近嚎叫。他一边走，一边哭，觉得妈妈对他太残忍，离开了几年，妈妈已经不爱他了。

第二天一早，韩石奉解开放饼的包袱，看到母亲在黑暗中烙的饼，非常整齐。这时，他才明白：母亲在黑暗中都能烙出块块均匀，大小一样的饼，而我却写不出工整的字，说明我的能力还不行。想到这里他就加快脚步向城里走去。

五年过去了，韩石奉又摸黑回到了家。母亲见到他后，说："你怎么这么不听话，又回来了。"

儿子一边回答："都完成了。"一边从包袱里拿出笔墨，并且吹灭了灯。过了10分钟，他说："您可以点灯了！"母亲点亮了灯，走到儿子前面，展现在她面前的是一张写满汉字的纸，上面的字个个工整漂亮。

母亲看后激动地说道："我的好孩子，辛苦你了。让我把你看个够，让妈妈好好抱抱你！"

后来，韩石奉成了一个著名的学者，有人问他是怎么成功时，他总说："母亲教会我不要吝惜自己，这样才能把事情做好。"

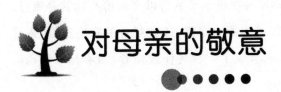

# 对母亲的敬意

每年 5 月的第二个星期天是美国的母亲节，这一天每个孩子都会为母亲准备漂亮和精美的礼物、贺卡、糖果、鲜花等等……

至于这个特别的节日和庆祝方式的来源，要从安娜的故事说起。

安娜出生在 1864 年 5 月。这个期间，正是美国的南北战争即将结束的时期。安娜是个基督教牧师的女儿，她一向文静，儒雅。

长大的后的安娜到了宾夕法尼亚州费城的一家人寿保险公司上班。1906年，就在安娜 42 岁生日之后的两星期，他的母亲因病去世了。对于这个日子，安娜清楚地记得，这是 5 月的第二个星期天。

从此，安娜变了，不再那样轻松自在、无忧无虑。对她来说，只有一个目标，那就是让自己的母亲成为全世界的母亲，在 5 月的第二个星期天得到敬意。

在一番精心的策划后，终于在 1908 年 5 月 10 日，安娜在西弗吉尼亚的格拉夫顿举行了第一个母亲节的教堂纪念仪式。

第二年，费城政府正式宣布，5 月的第二个星期天为母亲节。又过了三年，西弗吉尼亚州，也宣布 5 月的第二个星期天为母亲节。

几年后，安娜的努力取得了突破性的成功。美国国会通过了一项被称为"合众国第 25 号决议"的公告，把 5 月的第二个星期天永久地确立为整个美利

坚合众国的母亲节。

但随着节日地不断推广，安娜开始有些不满意了，她愤怒了。母亲节虽然确立了，但它却越来越商业化了，不再是孩子们向母亲表示谢意和敬意的淳朴的时刻。

各商家大做广告，让人们觉得要是在母亲节不送母亲一份礼物就是罪过。商店告诉孩子们，他们应该给母亲买华贵的穿戴，或者新奇的家庭摆设，来显示他们对母亲是多么的热爱。母亲节成了一种责任或债务，而不是对母亲的爱和感激之情的自由表达了。

为了能让母亲节回到它原本的意义，这时已50岁的安娜决心和商品化的倾向战斗。她辞去自己的工作，决定用余下的人生来抵制被商品化的母亲节。她辞职时领到了十万美元，她把这笔钱全部用来促使人们重新回到母亲节的初衷上去。无论在哪儿发现适当的机会，她都要前去向人们宣讲。尽管如此，她还是无法改变商人的思想，更改变不了商品化的美国。因为越来越多的人觉得，以及回家去帮父母做事，陪父母聊天，还不如一张母亲节贺卡，或者一些鲜花、糖果送给她来得更容易。

安娜说："应该送给自己母亲有用和有意义的东西，许多母亲睡在比石头还硬的床垫上。也许她需要一副新眼镜，需要舒适的鞋子，或者需要更好的照明设备。她晚上睡得暖和吗？是不是盖鸭绒被了？或许她的被子需要洗洗了。做子女的应该做的是这些。"

安娜从来没有停止过，她到处演讲，不停地写字，一直到一天，她太老了，再没有一丝力气的时候，再也说不出一句话来的时候。后来，她双目失明，两耳失聪；她钱财罄尽，一文不名。宾夕法尼亚州政府在老人之家里给她找了间屋子住下。老人之家就坐落在费城郊外的西切斯特。1948年11月，安娜永远地离开了我们。

安娜的故事很悲哀，因为她最不愿看到，并且用后半生极力去阻止其发生的事情最终还是发生了。为了保持母亲节的纯洁，她终身未嫁，没有孩子，而是用其全部精力去奋斗。安娜的一生都是在为那些做了母亲的女人奋斗。

其实，并非要等到母亲节那天才用行动表达对母亲的爱和养育之恩。平时，我就应该在生活当中体谅自己的母亲，做好分内的事，尽量不让母亲担心。

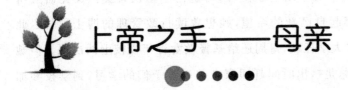

# 上帝之手——母亲

一天，卡莉受邀去了两个儿子所在的学校。老师告诉她，她的两个儿子反应十分迟钝，最终被编入了与他们能力相仿的阅读小组。同时，校长也深有感触地说："可能是因为你们在家里说西班牙语，所以他们很多时候听不懂英语，也不会用英语表达。"

其实，卡莉小时候的智力就不是很高，先是上学降级，被列入反应迟钝者之列，后来直接到了退学的地步。她16岁就出嫁，婚后生了两男一女。如今两个孩子被列为低能者，这使她难以忍受。她决心帮助自己的孩子，从自己求学做起！卡莉去求人帮忙，人家答复她："你的履历表明你反应迟钝、智力低下，我不能推荐你上学。"她在雨中泪流满面地走回家，哭着对自己说：别泄气！她又去找孩子们的校长商讨办法。后来，校长告诉她，可以去克萨斯州的南方学院看看，也许会有一些收获。

卡莉以自己的热情打动了南方学院的登记员，决定让她试一试。尽管如此，登记员还是说，要是考试不及格，还会被劝退。就这样，卡莉一边上学一边顾家，全家人也都支持她新的追求，但又担心要不了多久她就会离开学校重新安心做家庭主妇。到第一学年末，她惊奇地意识到：自己的能力不比别人差，自己应该有一个大学学位。于是，她除了继续在南方学院学习，又进了泛美大学学习，每天4点起床，不怕苦累。3年后，她取得了初级学院学位，还以优异

的成绩取得了泛美大学的理科学士学位。孩子们发现他们的母亲与众不同。一般美籍墨西哥母亲都不上大学。孩子们对母亲的爱又增添了许多。在自己的母亲卡莉的鼓励下，两个孩子的成绩有了突飞猛进的发展，最终进入到了正常班级里面。

1971年，卡莉拿到了文学硕士学位，同时担任了墨西哥美国文化研究所的理事。很快，她又燃起自己新的希望，她想攻读行政管理的博士学位。此外，他还在工作之余去大学任教，每周还给基督教女青年夜校上两次课。但她从未忘掉孩子们。她总是挤出时间赶回家来关心孩子们的学习，到学校参加家长会，观看孩子们参加的全部比赛。1977年，她取得了博士学位，接受了颇具威望的美国教育委员会的会员资格。她是有史以来第一个获得该委员会奖的拉丁美洲妇女。1981年，卡莉被当上了豪斯登大学的教务长助理。

后来，卡莉的主要工作放在了缓和种族关系上，她整天为美国的警察和消防人员讲授西班牙语课和种族关系课。后来，他得到里根总统的任命，到全美司法顾问委员会研究所上班。接下来，她又获得了各类荣誉，如豪斯登大学授予她杰出教学奖，一家西班牙语地方报纸设立了以她的姓名命名的奖学基金等。

这些荣誉对于卡莉来说并非那么重要，因为她做的一切都是为了鼓励孩子，给孩子做一个榜样。在她心里，没有什么比自己的孩子更重要的了。在自己的影响下，她的长子马里欧做了一名出色的内科医生，次子维克多做了一位不错的律师。

要是一天我有所作为，那一定是母亲给了我支持和爱抚，让我拥有自信和能力去迈向成功的殿堂。或许，我们可以这样说，抚摸我们的是上帝，但母亲却是上帝的手。

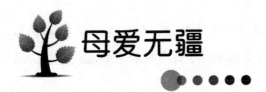

# 母爱无疆

　　一个穷僻的乡下住着一对贫穷的母女。这位母亲有个癖好,生怕有人来偷自家的东西,于是,每天晚上睡觉前都要把门用三把锁锁起来。

　　贫穷的时间久了,她的女儿有些开始厌倦那样一成不变、穷困潦倒的生活。她向往城市的生活,想去看看自己通过收音机所想象的那个华丽的世界。

　　一天早上,女儿为了追求那虚幻的梦,离开了母亲。她趁母亲睡觉时偷偷地离家出走了。

　　临行前,她在心里这样告诉妈妈:"妈,你就当没生我这个女儿吧。"

　　外面的世界很精彩,外面的世界也很无奈,很快她踏上了堕落之途,深陷于无法自拔的泥泞中,这时她才意识到自己的过错。

　　10年后,她拖着受伤的心与狼狈的身躯回到了故乡。她到家的那会儿正是深夜,微弱的灯光透过门缝渗透出来。

　　她轻轻地敲了敲门,却突然有种不祥的预感。女儿扭开门时把自己吓了一跳。

　　"好奇怪,母亲以前从来不曾忘记把门锁上的,莫非……"母亲瘦弱的身躯蜷曲在冰冷的地板上,以令人心疼的模样睡着了。

　　"妈,妈……"

　　听到女儿的哭声后,母亲睁开双眼,什么也没说,只是深情地搂着女儿疲惫的肩膀。在母亲怀里哭了很久之后,女儿突然好奇地问道:"妈,今天你怎么没有锁门,要有坏人闯进来怎么办?"

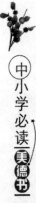

中小学必读[美德书]

母亲告诉女儿道："没事，以前我怕别人进来，所以天天晚上锁门。后来你走了以后，我就怕你哪天晚上回来后进不来，所以 10 年来我一直没有锁过门。"

等待女儿回来，这就是母亲 10 年如一日的生活。但是这天晚上，她们母女终于团聚了，母亲又可以锁上门了。从此，母女俩相依为命，过着平凡、简单，但很幸福的生活。

记着，不论什么时候，母爱的大门一直都是向我们敞开的。不论黑夜，还是白天，母爱的门都时时向我们敞开着。

# 母亲的意志

在开往一处旅游景点的途中，导游给车上的人讲了一个感人的故事。

1999 年，土耳其发生了一场大地震。当时，倒塌了不计其数的房子，各个国家的救援人员一起在废墟中寻找那些生还者。

在搜寻工作进行到第四天的时候，搜救人员看到了一个叫人都难以置信的场景：一位母亲，用手撑地，背上顶着不知有多重的石块，一看到救援人员便拼命哭喊着："快点儿救我的女儿，我已经撑了两天，我快撑不下去了……"那个六七岁的女孩子，正安详地躺在母亲用手撑起的那个安全空间里。

搜救人员十分惊奇，大家都奋力搬移压在上面的石块，希望她们母女早些脱离危险。可那些石块太多太重了，并不像他们预想的那样可以快速地救出她们。

整个过程，都有媒体的跟踪拍摄。救援人员一边哭一边挖，辛苦的母亲苦苦地等待着……

很多人看到新闻后,都放下了手里的工作,加入到了救援中。经过一个星期没日没夜的行动,一名搜救人员终于用手碰到了小女孩。但遗憾的是,那个小女孩已经死去了。

母亲看到搜救人员的第一反应就是:"我的孩子还活着吗?"以为女儿还活着,是她苦撑两天的唯一希望。这名救援人员终于受不了了,放声大哭:"对,她还活着,我们现在马上会把她和你一起送去医院急救。"

救援人知道,要是那位母亲知道自己女儿死去的消息,定会失去活下去的意志,最终很可能就会松手让石块压死自己,所以骗了她。母亲疲惫地笑了,随后,她被救出送到医院,她的双手一度僵直无法弯曲。

第二天一早,土耳其报纸头版就是一幅大大的,她用手撑地的照片,标题名字为"这就是母爱"。

故事讲完后,导游说道:"我是个不容易被打动的人,但是看完那篇报道后我哭了。这个故事,我每次带团都会给游客讲。"

其实,车上的人听完整个故事后,也忍不住地流下了眼泪。

母爱是一种伟大的力量,无私的力量。一个母亲的爱是无私的,她会牺牲自己去保护孩子。要是没有母亲的爱,孩子的内心只会是一片荒漠。

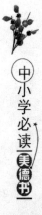

# 赤脚的母亲

很久很久以前,一个失去了父亲的年轻人和母亲在一个小村庄过着相依为命的生活。后来,年轻人竟然开始迷信起来,整天求仙拜佛,不务正业,就想着天下掉馅饼的事情。母亲见儿子成天如此,也曾苦口婆心地劝慰过,但始终没有效果。后来,儿子甚至把母亲当成了自己成仙成道的障碍,有时甚至还恶语相向。

一天,这个年轻人听别人说远方的山上有位得道的高僧,心里不免仰慕,便想去向高僧讨教成佛之道,但他又怕母亲阻拦,便瞒着母亲偷偷地离家出走了。

年轻人一路跋山涉水,历尽了千辛万苦后终于找到了那位高僧。高僧热情地接待了他。听完他的一番自述,高僧沉默良久。当他向高僧问佛法时,高僧开口道:"你想得道成佛,我可以给你指条道。吃过饭后,你即刻下山,一路到家,但凡遇到赤脚为你开门的人,这个人就是你所谓的佛。你只要悉心侍奉,拜他为师,成佛是非常简单的事情!"

年轻人听了非常高兴,谢过高僧,就欣然下山了。

第一天,他投宿到了一个有钱人家,男主人为他开门时,他仔细看了看,男主人没有赤脚;第二天,他投宿到了一座城市的富有人家,更没有人赤脚为他开门;第三天,第四天……他一路走来,一路投宿,最终都没有遇到一个高僧所说的赤脚人。他开始对高僧的话产生了怀疑。快到自己家时,他彻底失望了。日落时,他没有再投宿,而是连夜赶回家。到家门时已是午夜时分。疲惫至极的他费力地叩动了门环。屋内传来母亲苍老的声音："谁呀?"

年轻人沮丧地答道："妈妈,是我啊。"

很快,门打开了,憔悴的母亲大声叫着儿子的名字,并很快把他拉进屋。谁知,等他抬头一看,只见母亲赤着脚站在冰凉的地上!

就在此刻,他想起了高僧说的话,他什么都懂了。年轻人泪流满面,他"扑通"一声跪在母亲跟前。

对于我们每个人来说,母亲都是伟大而唯一的。在我们失望、悲伤,或在学习上遇到困难的时候,都不要忘记我们身边有一位母亲。不论你怎样没有出息,不论你学习怎样不好,母亲永远都是你栖息的港湾。母亲的关爱与呵护,会让你踏上一条幸福之路。

# 一定要把心爱之物买到手

一天,12岁的鲁本从一家商店的橱窗走过时,被里面的一件商品吸引住了。这件标价5元的东西对于一个孩子来说,实在太贵了。甚至对于一个家庭来说都很贵,因为鲁本家一周的家庭开支也才那点钱。鲁本想向父亲要,但又想到父亲捕鱼挣的钱全都在妈妈多拉那里。而妈妈呢,辛辛苦苦操持家务,在生活上精打细算,艰难地维持着这个家,在她那肯定也要不到什么钱。

鲁本很可爱,虽然身上没有一分钱,也没有什么贵重的东西,但他还是推开了商店的门。他走到柜台前,对老板说:"我想要你的那个东西,不过我现在没钱,希望你给我留着。"

"行。"店主微笑着对他说。

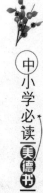

鲁本很有礼貌地告别店主，走出商店。这孩子的表情让人觉得，他一准儿能把这件心爱之物买到手。

走了没一会儿，他突然听到巷子那头传来一阵敲打钉子的声音。跟着声音，他来到了一个施工现场。原来当地人正在建自己的房子。当然鲁本关心的是，他们用完钉子后，就会把装钉子的袋子丢了。

鲁本知道，离这里不远的那家钉子加工厂专门回收这样装钉子的袋子，而且每条袋子值5分。于是，他把在工地上捡到的两条袋子拿去卖了。在回家的路上，他的小拳头一直紧紧攥着那两枚5分硬币，生怕掉了。

他家旁边有座旧粮仓。鲁本把那两枚硬币装在一个空铁盒儿里，藏在粮仓内的干草垛底下。

吃饭的时候，鲁本走进了厨房。他的父亲正在补鱼网，母亲正在准备晚餐。鲁本望着妈妈，她那一头金发在透过窗子照射进来的阳光下闪闪发亮。鲁本知道，身材苗条容貌秀丽的母亲是家里的顶梁柱。她一天到晚忙忙碌碌，没完没了地干活儿：洗衣做饭，耕种菜地，还得给羊挤奶。虽说一年到头含辛茹苦，可她总是喜滋滋乐呵呵的，因为她把全家人的美满幸福看得重于一切。

每天放学后，鲁本就抓紧时间做作业、做家务，之后便到附近的工地寻找装钉子的袋子。每天下午放学，做好家庭作业，干完母亲交给的家务活儿后，鲁本便到大街小巷去找装钉子的小麻袋。这年的夏、秋两季就这么在他一日不辍地寻找麻袋中过去了。冬天到来后，从海湾那边刮来了冷风，尽管不时受到饥寒困乏的折磨，可鲁本依旧日复一日地走街串巷捡拾麻袋，因为购买橱窗内那件商品的强烈愿望始终激励着他，赋予他勇气、信心和力量。

每次母亲问他为什么这么晚才回家时，他都告诉母亲自己是和小朋友一起去玩了。多拉明知儿子在忽悠自己，但面对一年来举止反常的儿子，她除了无奈地摇摇头，一点儿辙也没有。

斗转星移辞旧迎新，不知不觉间，第二年的5月已经来临。杨柳吐翠、嫩草飘香的5月令人心旷神怡，更令即将实现最大心愿的鲁本激奋不已。这个月的第二个星期天，他无比激动地把藏在粮仓草垛底下的小铁盒儿取出来，用发抖的双手将里面的硬币一枚不落地倒出来,仔细数了一遍,但还是有点不放心,于是又数了好几遍。他心里想,真好,只要我再拥有 20 分就够 5 加元了!于是,他祈祷上帝保佑自己傍晚前能捡到对于他来说至关重要的 4 条麻袋。随后,他把装钱的铁盒藏好,急匆匆去寻找麻袋。当夕阳渐沉时,他一股气跑到了那家工厂,但工厂的人告诉他工厂此时正在关闭厂门。鲁本心急火燎地喊道:"先生,请您先别关门!"那人转过身来,冲脏兮兮汗淋淋的小鲁本说:"明天再来吧,孩子!""求求您啦,我今天说什么也得把这 4 条麻袋卖掉——我求求您啦!"耳闻孩子颤抖的哀求声,目睹孩子泪汪汪的双眼,这个人不禁动了恻隐之心。

"你干吗这么急着要钱?"大人好奇地问。

"实在对不起,这是我的秘密!"孩子不愿泄露天机。

拿到 4 枚 5 分硬币后,高兴得心都快要蹦出来的鲁本只含糊不清地向回收麻袋的人道了一声谢,便飞也似的跑回粮仓,取出铁盒儿,继而又拼尽全力跑到那家商店,把 100 枚 5 分硬币倒在柜台上。

之后,鲁本一路跑着回家。他打开门后的第一反应是扯着嗓子朝正在拾掇厨房的母亲喊道:"妈妈,你快过来,快过来。"母亲过来后,鲁本迫不及待地把用自己努力换来的珍宝放在了妈妈手里。鲁本的妈妈多拉打开纸盒后,只见盒子里面装着一枚杏仁形胸针,上面还镶着两个特别显眼的字——妈妈。看到儿子给自己送来了母亲节礼物,她再也忍不住激动的眼泪,深情地抱住了自己的孩子……

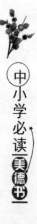

# 生命的最后姿势

一对夫妻很有意思,由于他们都是登山运动员,所以他们决定在孩子满周岁的时候,带着孩子去做一件有意义的事情,那就是背着孩子爬五千米高的雪山。

很快,他们迎来了这一天。天气果然像预报里面说的那样,晴空万里。几小时后,夫妇俩爬到了五千米的高度。然而就在他们休整完,准备挑战剩下的两千米时,意想不到的事情发生了。气温突然下降到零下三四十度,并且狂风四起,大雪纷纷飘落。

更加不幸的是,由于他们太过于相信天气预报的准确性,从而忽略了携带至关重要的定位仪。当时风势很大,能见度不足1米,上或下都意味着危险甚至死亡。两人无奈,情急之中找到了一个山洞,暂时躲避风雪。

气温还在继续下降,风雨还在肆虐,妻子怀中的孩子被冻得嘴唇发紫。更加要命的事是,孩子竟然饿了,想要吃奶。难以想象,在那样的环境下,任何一寸露在外面的肌肤都会被冻伤,甚至还会有生命危险。孩子的哭声越来越弱,他很快就会因为缺少食物而被冻饿而死。丈夫制止了妻子几次要喂奶的要求,他不能眼睁睁地看着妻子被冻死。然而,如果不给孩子喂奶,孩子就会很快死去。

妻子可怜怀中的孩子,一再哀求丈夫,同意自己喂一次孩子。最终,丈夫把妻子和孩子揽在怀中。喂过一次奶的妻子体温下降了两度,她的体能受到了严重损耗。由于缺少定位仪,漫天风雪中救援人员根本找不到他们的位置。

这就是说,要是风雪不停止,他们就没有生存下去的机会。

时间不断流失,妻子一次又一次给孩子喂奶。每给孩子喂一次奶,妻子的体温就下降一点。在这个风雪狂舞的 5000 米高山上,妻子一次又一次地重复着平常极为简单而现在却无比艰难的喂奶动作。她的生命在一次又一次的喂奶中一点点地消逝。

三天后,当救援队员赶到的时候,孩子的爸爸已经昏睡了过去,而孩子的妈妈则成了一尊雕像,一尊保持着喂奶姿势的雕像。孩子呢,正安详地躺在父亲怀里。

# 爱的感觉

家庭中的亲情是最值得珍惜和体会的。因为在很多时候,尤其是父母对子女的爱,并不是体现得很夸张而是很含蓄,所以需要用心去感受,你才能感受到父母的心。

莉莉觉得爸爸不懂得怎样表达对自己的爱,使他们一家人融洽相处的是妈妈。爸爸只是每天上班下班,而妈妈则会把莉莉做过的错事开列清单,然后由她来教育她。

一次,莉莉从卖糖的地方偷了一袋糖果。她的爸爸知道后,执意要求莉莉把东西给人家送回去,并主动向人家认错并道歉。但妈妈总觉得莉莉还只是一个孩子。莉莉在运动场打秋千跌断了腿,在前往医院途中一直抱着她的,是妈妈。爸爸把汽车停在急诊室门口,他们叫他把车开走,说那空位是留给紧急车辆停放的。爸爸听了便嚷道:"你以为这是什么车?旅游车?"

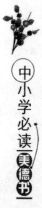

在莉莉的生日晚会上,莉莉的爸爸表现得有些不大出色。他一整天都只是在忙着吹气球,摆放餐桌,和做一些杂七杂八的事情。莉莉和同学们一起翻看自己的相册时,同学们都问:"我们怎么没有看到你的爸爸?"天晓得!他老是忙着替别人拍照。她和妈妈一起拍的照片,多得不可胜数。莉莉还记得有一次妈妈叫爸爸教她骑自行车。她叫爸爸别放手,但他却说是应该放手的时候了。她摔倒之后,妈妈跑过来扶她,爸爸却挥了挥手要妈妈走开。莉莉当时生气极了,决心要给他点颜色看。于是,她立刻又骑上自行车,而且自己要骑给他看。他只是微笑。莉莉念大学时,全部的家信都是妈妈写的。每次她打电话回家,爸爸似乎都想跟她说话,但结果总是说:"我叫你妈来听电话。"

莉莉结婚那天,她的妈妈哭得死去活来,而爸爸呢几乎没有表示出任何的悲伤和不愉快。从小到大,莉莉在爸爸那里听到最多的是你到哪里去?什么时候回家?自行车有没有气?……不,不准去之类的话。在莉莉看来,自己的爸爸似乎不会表达自己的爱。一年以后,莉莉生下了自己的孩子,这时他忽然这样问道自己:是不是爸爸表达了,只是我没有体会到。

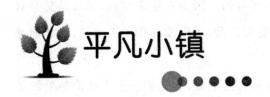

# 平凡小镇

暑假结束后,吉姆最想做的一件事情就是去家乡看望自己的奶奶。吉姆的奶奶是德国人,爷爷是美国人,两人相依为命生活了几十年。因为吉姆的奶奶不懂英语,只会说德语,所以他的奶奶除了和他们一家人交流外,基本上不和外界交流。此外,吉姆的奶奶还患有白内障,视力十分不好。

几年前,吉姆的爷爷去世了,而吉姆的奶奶又不愿离开自己生活过几十年的地方，所以独自一人生活在家乡。吉姆和父母都放心不下奶奶，他们不知道孤单的奶奶将来该如何生活。给爷爷办完丧事，吉姆父母临走前给奶奶留下了一个可以异地存款的存折和 1000 美元现金。

看到自己的孙子回来，吉姆的奶奶十分高兴，她当即表示要去菜市场买孙子最爱吃的鳕鱼。吉姆的奶奶走到窗台，吉姆看到窗台上放了一大把钱，有零有整，奶奶把钱全部拿在手里就出去了。

"钱怎么能放在窗台上呢？只要窗子一开，路人随手就能拿走。"吉姆想。

等奶奶回来，他就让奶奶把钱放到了电视柜上面，奶奶说："没必要，我在这一年还从没丢过钱呢。"但她还是采纳了孙子的建议。

可吉姆的奶奶很快就忘记了，第二天买菜回来她还是依旧把钱随手丢到窗台上。吉姆再次帮奶奶收拾好。可到了第三天，吉姆的奶奶还是没能记住，依然把钱丢在窗台上。

吉姆知道这是习惯使然，他再次从窗台上拿起奶奶买东西找回的钱放到了电视柜上，并顺便把那些钱整理了一下。在清理的时候，他发现了一个奇怪的现象：奶奶的钱增加了！他记得第一次清理的时候是 368 美元，可现在三天过去了，奶奶买了不少东西，钱却变成了 405 美元。

难不成奶奶的口袋里面还有更多的钱。但是吉姆分明看到奶奶每次出门前都是从窗台或电视柜上把钱全部拿走，回来后再全部丢在窗台上，她身上应该不会有钱，增加的钱是从哪来的呢？

晚上，吉姆接到了爸爸打来的电话。爸爸在电话里告诉他，他一天前去查过奶奶的账户了，发现奶奶从来没有取过钱。奶奶手里只有他们走时留下的1000 美元现金，这一年来她是怎么生活的呢？

吉姆知道，小镇上的生活费标准每月最低也得 1000 多美元，就算奶奶再节约，也不可能 1000 美元用一年啊！

吉姆把爸爸的疑问说了一遍，奶奶茫然地看着那叠钱说："我也不知道是怎么回事，我不会从银行取钱，我也不认识美元，我不知道那是多少。"

吉姆的奶奶根本不懂英语，也不认识美元，但吉姆迷惑的是，奶奶怎么用

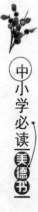

钱买东西。问奶奶后，奶奶告诉他，自己每次去买东西的时候，都是把钱给他们，然后它们算好了之后找给自己，自己从来不看。

吉姆听后觉得十分奇怪，于是他决定跟踪奶奶一次，看奶奶究竟如何购买东西。

第二天一早，吉姆看奶奶出门买菜后，就一直偷偷地跟在后面。果然，奶奶买水果时，一下子把钱全拿出来，让卖水果的人自己拿钱。吉姆发现卖水果的人从奶奶手里拿出了一张 10 美元的钞票，却放回了两张 5 美元的钞票，他等于是没收奶奶的钱！接下来，他看到的情况都差不多，有不收奶奶钱的，还有多找奶奶钱的……

看到这些，吉姆的眼睛湿润了。他明白了，这些年，一直是小镇上的人在帮助自己的奶奶。

吉姆找到了镇长，感谢小镇人一年来对奶奶无声地照顾。镇长说："以前都是你爷爷跟别人打交道，他去世后，你奶奶开始进入社会生活中。刚开始小镇的人还都感觉这个老太太非常奇怪，后来才知道她根本不认识钱。没有人会欺骗自己不认识钱，却完全信任他人的人，于是这种奇怪的找钱方式就出现了。其实，不是我们在帮她，而是她在帮我们。小镇上原来存在着很多坑蒙拐骗现象，但找你的奶奶钱的方式出现后，这种现象明显有了改善，现在镇上基本没有骗人的现象了。反过来，我们还得感谢你的奶奶才是。"

很多时候，我们会受环境的影响。反过来，一些时候我们也会影响环境。但一种善行被一个人实施时，周围的潜意识就会接受这种行为，然后告诉你去做。多一点爱心，我们就能感染身边的人，多一些安心，我们生活的环境就会得到改善。

# 集体签名

梁老师是一所中学的物理老师。一直以来,梁老师的教学成绩都很不错。从学校毕业后,梁老师做了一名老师。一做就是几十年,并且始终以一所中学为家。梁老师教学十分认真,他的教学水平在县里简直是出了名的,可以说走在大街上,无论大人小孩,一看见梁老师都会喊上一声"梁老师好!"

本来,梁老师前年就到了退休年龄,但是校长舍不得他走。因为在学校,他就是一面旗帜,一个榜样。他在学校可以说是一面旗帜,也是一种荣耀。谁的孩子让他教,连家长都感觉是一种荣幸。校长说:"梁老师,您就再带带年轻人吧,我们学校这两年年轻人多,他们有好多东西要向您学习呢。"梁老师什么也没说,欣然留下了。他也不想这么早就回家抱孙子,他还离不开自己的学生呢!

但是同学们渐渐发现梁老师老了,他走路不再像之前那么快了,腰也不再如往常那样直了。尤其令人惊讶的是,在校园里你见了他,有时他竟然叫不出你的名字……不过上课时,梁老师还是像年轻时一样充满激情,讲到动情处还手舞足蹈。他的课不但讲得透,还很灵活,已经达到了一种出神入化的境界。同学们对梁老师都很敬重,就连最调皮的学生也总是坐得端端正正的。每天上课时,教室里除了坐着满满当当的学生外,总还有几个年轻老师在听他讲课,有时还有外校的老师来听课。老师们都说,听梁老师讲课是一种享受。

在一次课上,梁老师在讲台上晕倒了。很多学生当时就哭了起来,全班只听见一片哭声。学校把梁老师送到医院后,才发现梁老师患有高血压。很多

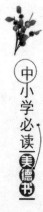

同学想,梁老师毕竟老了,60多岁的人却在讲台上站了40多年,该让他好好休息了。但是梁老师说他还要给学生上课,而且一再强调,丝毫没有商量的余地!同学们很感动,老师们很感动,家长们也很感动。校长也是梁老师的学生,他反复做梁老师的思想工作,说什么也不忍心让梁老师再任课了。校长激动地说:"梁老师,如果您真的有个三长两短,我就是在作孽啊!"

但梁老师却笑着说:"不,这样不行。眼看你们就要毕业了。你们的情况我最明白,要是突然换了一个老师,难免要有所耽搁。"大家对梁老师更加肃然起敬。梁老师一进教室,就得到全体同学和听课老师雷鸣般的掌声。每次上课,梁老师都依然讲得绘声绘色,不同的是他总是要扶着讲台。同学们上课听得更加认真了,学习氛围空前高涨。每次上课前,值日生都轮流把凳子擦得干干净净,同学们想让操劳了一生的梁老师坐下来讲课。可是梁老师坚持不坐,上课前总是把凳子向里面一推,就讲了起来。

在一次课上,一个同学终于忍不住了,他站起来对梁老师说道:老师,你完全可以坐着给我们讲课,为什么还要坚持站着。"梁老师笑了笑:"谢谢同学们,我教了这么多年书了,从来没有坐过,都习惯了。再说了,站着讲才有激情,才像个做老师的。虽然我老了,但只要站在讲台上,我就要为人师表,就要尽职尽责。"教室里顿时鸦雀无声。

一天,梁老师刚准备上课,发现讲台上放着一张大大的纸。梁老师好奇地看了起来,还没看完,就流下了一辈子都很少流的浑浊的泪水。纸张上这样写道:我们的老师,您辛苦了,我们真心希望您能坐着给我们讲课。结尾是全班54名同学的签名。

老师就像春蚕,一辈子都在吐丝,专门为学生编织美好的前程。这种奉献自己高贵精神,就像远挂在天上的明高的星星,不断地发光照亮我们的前程。

# 老师的"吻"

凯立德的英语很好，一直很受他的英语老师珍妮小姐的青睐。珍妮小姐是个年轻、漂亮、极具吸引力的女性。

由于所有人都知道凯立德是珍妮小姐最青睐的学生，所以凯立德在无形之中也承受了更多的压力。凯立德必须勤奋学习以捍卫"老师的宝贝"这一称号，他得比其他同学多读多学一点才成。尽管如此，别人还是在背后取笑他。他们说："凯立德将来若不能成为一个大人物，珍妮小姐是不会原谅他的。"

果然，凯立德最后成为了一个很了不起的人物。不过，很多人觉得，他的成功和他参加的那次毕业典礼有着密切的关系。毕业祝词完毕后，开始发毕业证书。当凯立德走上台去领取毕业证书时，受人爱戴的珍妮小姐站起身来，出人意料地向他表示了个人的祝贺——她当众吻了凯立德！

是的，凯立德是学生当中的代表，曾代表学生在毕业典礼上致告别辞，也曾在担任过学生年刊的主编。可以说，凯立德在读书的时候就很出色。毕业典礼结束后，大家都认为将会有一场哄笑或是骚动，当结果却恰恰相反，有的只是一片沉默。许多毕业生，尤其是男孩子们，对珍妮小姐这样不怕难为情地公开表达自己的偏爱感到愤怒。有几个男孩子包围了珍妮小姐，为首的一个质问她为什么如此明显地冷落别的学生。

珍妮小姐没有一点慌张，她告诉那些学生，不是自己青睐凯立德，而是凯立德通过努力让自己赏识的，如果其他人有出色的表现，她也会吻他们的。她说她是不会食言。如果说这番话使别的男孩感到好受些，它却使凯立德感

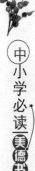

到更大的压力。他已经引起了别人的嫉妒,更是少数坏学生攻击的目标。他决心在毕业后做出一番事业来报答珍妮小姐的一吻。

毕业后,凯立德十分勤奋,先是进入了报界,后来竟然被杜鲁门总统任命为白宫负责出版事务的首席秘书。现在看来,凯立德被挑选担任这一职务绝非偶然。原来,在毕业典礼上带领那群男生包围珍妮小姐并告诉她自己感到受冷落的男孩子正是杜鲁门本人。珍妮小姐也正是对他说过:"去干一番事业,你也会得到我的吻的。"

凯立德上班后的第一个任务就是接通密苏里州独立城珍妮小姐的电话。凯立德向珍妮小姐转述了杜鲁门的话:你是否还记得我一直没有获得的那个吻。不知道我现在所做的事情能不能得到你的赏识。

老师的一个吻,是对学生的关爱和鼓励,更让学生自己感到老师时时都在关心着自己。其实,我们身边的老师也给过我们像吻一样的关爱,只要我们用心体会就能感受到它的存在。

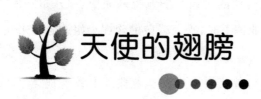

# 天使的翅膀

有一个孩子,他非常自卑。他的自卑,是因为他背上有两道明显的疤痕。这两道疤痕,就像是两道暗红色的裂痕,一直从他的颈子延伸到腰部,上面全是扭曲鲜红的肌肉。他讨厌自己,也讨厌换衣服。学校上体育课的时候,只有等别人都换完体育服装后,他才会一个人偷偷地躲到一个角落,然后用最快的速度换上衣服,就怕别人看到自己的缺陷。

但终究还是瞒不住同学,他的疤痕最终还是被同学发现了。"好可怕喔"

"怪物""不跟你玩了""你是怪物""你的背上好恐怖……",天真的小朋友们,无心的话往往最伤人。小男孩哭着跑出教室,从此再也不敢在教室里换衣服,再也不上体育课了。

这件事以后,男孩的妈妈带着他去找了老师。孩子的老师是个四十岁、很慈祥的女老师,她仔细地听着妈妈说起小男孩的故事,"这小孩在刚出生的时候,就生了重病,当时本来想放弃的,可是,又不忍心,一个这么可爱的生命好不容易诞生了,怎么可以轻易地结束掉?"

孩子的母亲一边说一边流泪,接着说:"所以我跟我老公决定把他救活。还好,当时有位医生愿意尝试用手术挽救他的生命。经过了几次手术,好不容易才把他的命留下来了,可是他的背部,也留下这两条清楚的疤痕……"

妈妈吩咐男孩道:"别怕,快把背给你的老师看看……"

男孩子迟疑了一下,但还是脱下了衣服,让老师看清了自己身上的疤痕。老师惊讶地看着这两道疤,有点心疼地问:"现在还会痛吗?"

男孩一边摇头一边说:"不痛了。"

孩子妈妈的眼睛再一次红了:"孩子很乖,他生下来的时候老天就给他很多残酷,后来又给了他两道疤痕。老师,希望你可怜可怜他,多照顾照顾她,做母亲的我求你了。"

老师轻轻抚摸着孩子的头,答道:"孩子他妈,你放心吧。我知道,我也会想办法的。"

老师在不断地思考,到底要怎样才不会让那些学生取笑小男孩呢?要是直接限制,那基本不会起到什么作用。总不能在让孩子这样自卑下去。突然,她脑海中灵光一闪,他摸了摸小男孩的头,对他说:"明天的体育课,你一定要跟大家一起换衣服喔……"

男子说道:"可是……他们又会笑我……说……说我是怪物……"

老师说道:"你要相信我,老师一定有办法叫他们不笑你。"

孩子有些疑问:"真的?"

老师很肯定地说:"真的! 相不相信老师?"

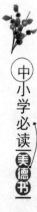

孩子答到:"相信!"

"那我们拉钩。"老师伸出了拇指,小男孩也毫不犹豫地伸出他小小的手指。

"我相信老师……"

第二天的体育课很快就到了,小男孩怯生生地躲在角落里,脱下了他的上衣,果然不出所料,全部的小朋友又露出了讶异和厌恶的声音。

"好恶心喔……""他的背上长了两只大虫……""好可怕,恶心……"听到这些声音后,小男孩眼泪都快掉下来了。

但他还是在心里这样告诉自己:"我……我才不……不恶心……"

突然,教师把门打开,走了进来。随即,就有学生跑到了老师面前说:"老师你看……他的背好可怕,上面长了两只超大的虫……"

老师微微一笑,然后从容地向孩子走去,接着露出了一个差异的表情,并说道:"这可不是虫喔……"

接着,他又说:"我以前听过一个故事,不知道大家想不想听。"不用想,只要是小朋友都喜欢听故事,很快,同学就把老师围了起来,形成了一个圈。老师比着小男孩背上那两条显眼的深红疤痕,说道:"这是一个传说,每个小朋友,都是天上的天使变成的,有的天使变成小孩的时候很快就把他们美丽的翅膀脱下来了,有的小天使动作比较慢,来不及脱下他们的翅膀。这时,那些由天使变成的孩子的身上就会有这样的两道痕迹。"

小朋友发出惊叹的声音:"哇,好神奇啊!难道他身上的两道印痕就是天使的翅膀。"

老师很肯定地说:"对啊,你大家也可以相互检查一下,看看谁的身上还有天使的翅膀。"全部小朋友听老师这样说,立刻七手八脚地检查对方的背,可是,没有谁的背上像小男孩那样,有这么清楚的痕迹。

"老师,老师,你看,我这里有个小小的伤痕,不知道是不是。""老师,我的才是真的,我的也是红的。"小朋友们争相承认自己的背上有疤,完全忘记了取笑小男孩的事情。小男孩原本哭红的双眼,也早已停止流泪。

突然，一个小女孩说："我们想摸摸他那天使的翅膀，不知道他同不同意。"

老师微笑着说："这要问小天使肯不肯。"

男孩说："好。"

那个说话的女孩走到小男孩的身边，伸出手摸了摸他背上伤痕，然后女孩轻轻地摸了他背上的伤痕，高兴地叫了起来，"哇，好软，我摸到天使的翅膀了。"

女孩这么一喊，全部同学都说："我也要摸！我也要摸天使的翅膀。"

最后，这成了一节奇怪的体育课，学生们排着队，就等摸小男孩身上的疤痕。小男孩背对着大家，听着每个人的赞叹声，羡慕的啧啧声，还有抚摸时，那种奇异的麻痒感觉。他的心里不再难过了，小男孩脸上，泪痕还没干，却已经露出了久违的笑容。一旁的老师，偷偷地对小男孩做出胜利的手势，这时，从来没有笑容的男孩的脸上终于露出了幸福的笑。

随着一天天地长大，男孩越来越有勇气，他深深感谢老师让自己重新提起了信心。上高中的时候，男孩参加了游泳比赛，并且获得了冠军。

只有在天使的眼睛里面，疤痕才会成为天使的翅膀。只有一个老师的心里充满爱，在她眼里的学生才是一块未经打造的玉石。

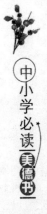

# 祝你成功

　　在晴空万里的一天,查理和自己的朋友库尔及另外5个人一起乘坐飞机飞跃一个海峡。飞机已在空中飞行了一个半小时,再有一个小时就可到达目的地。

　　可没想到的是,当查理再次检查仪表的时候却发现油料不够了。根据查理的判断,一定是油箱漏油,因为飞机起飞前自己已经给油箱灌满了油。

　　查理把这一情况告诉朋友后,大家都惊慌了。不过查理安慰他们道:"没关系的,我们有降落伞!"说着,他将操纵杆交给也会开飞机的库尔,走向机尾拿来了降落伞。查理给每个人发了一顶降落伞后,也在库尔身边放下一个装有降落伞的袋。他对库尔说:"好兄弟,我带着另外五个人先跳伞,你给我开好飞机,你到了适当的时候再跳。"说完,查理着另外五个人跳下了飞机。飞机上就剩库尔一个人了。这时,仪表显示油料已尽,飞机在靠滑翔无声地向前飞。库尔决定也跳下去。于是,他一手扳紧操纵杆,一手抓过来降落伞包。他一掏,大惊,包里面根本没有降落伞,有的只是查理的一堆旧衣服!

　　这时,库尔大骂了一阵查理!没伞可跳!没油了,靠滑翔飞机是飞不长久的!库尔急得浑身冒汗,只好使尽浑身解数,能飞多远飞多远,起码可以多活那么一会儿。

　　飞机继续往前飞行,但一直往下降,越来越接近海平面。就在库尔彻底绝望时,奇迹出现了——一片海岸出现在眼前。他大喜,用力猛拉操纵杆,飞机贴海面冲过去,"轰"的一声撞落在松软的海滩上,库尔晕死过去了。

一个月后，库尔回到了小镇。他做的第一件事情就是拎着那个装着旧衣服的伞包来到查理的家门外，发出狮子般的怒吼："查理，你这个小人，快给我滚出来，我要宰了你。"

查理的妻子和三个孩子跑出来，一起问他发生了什么。库尔很生气地讲了事情的经过，并抖动着那个包，大声地说："看，他就是用这些东西骗我的！他没想到我没死，真是老天保佑！"

查理的妻子说了声："我一直没看到查理回来。"接着，查理的妻子认真地翻查那个包，旧衣服被倒出来后，她从包底拿出一张纸片。看了一眼后，痛哭起来。库尔一愣，拿过纸片来看。

纸片上这样写道：我的好兄弟，下面是鲨鱼区，跳下去肯定活不了。要是不跳，那飞机肯定不堪重负，会耗费更多的油料。我和他们跳下后，就减轻了飞机的重量，这样你或许就可以滑翔到安全的地方。我的好兄弟，你大胆地向前冲吧，祝你成功。

很多时候，真情经常就显示在最危急的时刻。在最危急时刻表现出来的才是真情意，才是最纯的感情。这样的友情，任何东西都代替不了。

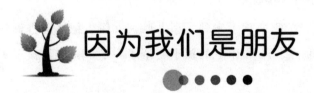

# 因为我们是朋友

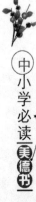

越南天上的飞机正在狂轰滥炸，不幸，一颗炸弹落在了一家孤儿院。几个孩子和一些工作人员被炸死，数十人被炸伤。其中，有一个小女孩伤得最重，流了很多血。幸运的是，不久后一个医疗小组来到了这里，小组只有两个人：一个女医生，一个女护士。

　　医生用最快的速度对小女孩进行了抢救,当中遇到了一个问题,因为小女孩流了很多血,需要输血,但是她们带来的不多的医疗用品中没有可供使用的血浆。于是,医生决定就地取材,她给在场的人验了一次血,但终究没有发现可以用的血型。更糟糕的事情是,那些来救助的医生只会一点越南语和英语,而在场的孤儿院的工作人员和孩子们只听得懂越南语。于是,女医生尽量用自己会的越南语加上一大堆的手势告诉那几个孩子:"你们的朋友伤得很重,她需要血,需要你们给她输血!"终于,孩子们点了点头,好像听懂了,但眼里却藏着一丝恐惧!

　　孩子们谁也没有说话,也没人表示自己愿意献血!女医生没有料到会是这样的结果,一下子愣住了!为什么他们不肯献血来救自己的朋友呢?难道刚才对他们说的话他们没有听懂吗?突然,有那么一只手慢慢地举了起来,不过很快又放了下去。

　　看到有人举手,医生十分高兴。她立刻把那个小男孩儿带到临时的手术室,让他躺在床上。小男孩僵直地躺在床上,看着针管慢慢地插入自己细小的胳膊,看着自己的血液一点点地被抽走,眼泪不知不觉地就顺着脸颊流了下来。医生以为是针管弄疼了他,但孩子摇了摇头,不过泪水依然没有停止。医生开始有一点慌了,因为她总觉得有什么地方肯定弄错了,但是到底错在哪里呢?针管是不可能弄伤这个孩子的呀!

　　就在这个关键的时候,一个越南护士来到了孤儿院。女医生把情况告诉了越南护士。越南护士忙低下身子,和床上的孩子交谈了一下,不久后,孩子竟然破涕为笑。

　　现在才知道,原来那些孩子误解的医生的话,他们以为要抽光自己的血才能去救想救的人。因此,那个小男孩一想到不久以后就要死了,就忍不住哭了出来。医生终于懂得为什么刚才没有人自愿出来献血了!但是她又有一件事不懂——既然以为献过血之后就要死了,为什么他还自愿出来献血呢?医生问那个越南护士。

　　越南护士听后,便用越南语问了小男孩一遍。小男孩听后回答说:"因为这个小女孩是我最要好的朋友。"答案很简单,却感动了在场的所有人。

我们每天的美好感受和对未来的信心,很多时候都是来自友情。友情是天底下最单纯无私的感情,拥有一份友情就等于有了一份纯洁,一份纯真。

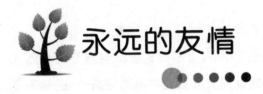

# 永远的友情

有两个非常要好的男孩,他们从小一起上学,一起回家,并且还是同班。可以说,他们两人的感情真是情同手足,终日形影不离。由于他们都是家里唯一的孩子,所以很受父母的疼爱。

某个星期天的早上,他们两人一起去海边游泳。夏日的海滨,细细的白沙柔软而蓬松,蓝蓝的海水不断地亲吻着他们的脚背,吸引他们恨不得一下子投进大海的怀抱中。这对年轻好胜的小伙子互相比赛着向深处游去。突然,风云骤变,阳光隐藏在厚厚的云层里,那碧绿的海水顿时变得混沌黯黑。过了不一会儿,暴风雨便如同瀑布似的铺天盖地地倾泻下来,狂怒的海水发出滔天巨响。这两个小伙子在滔天的巨浪中与危险苦苦地搏斗着,他们刚刚游在一起,就被一个巨浪分开了。他们高声喊叫着,竭力保持联系,同时,拼命往岸上游去。风越来越大,浪越来越高,海浪时而像无数隆起的小山,把他们抛向高空,时而又如凹下去的峡谷,使他们掉进无底的深渊。一个小伙子仍在高叫着同伴的名字,却怎么也听不见回音?他心急如焚,拼命向同伴那里游去。但是还是不见了,他没看到自己的同伴。他着急了,他拼命地喊,直到他被巨浪打昏。

等他醒来的时候,他已经躺在医院病床上了。虽然自己没死,但他听到了

一个让自己难以接受的消息,他的同伴溺水身亡了。后来,他病愈出院了,但他心中的忧患却日渐加剧。是他主动找好友去游泳的,但他没能把好友抢救出来。他失魂落魄地终日在海边徘徊,向着一望无际的大海轻轻呼唤着好友的名字,但是只有那阵阵涛声作答。

他来到好朋友的家里,请求朋友的母亲宽恕自己。失去唯一儿子的母亲十分悲痛,整天以泪洗面,根本无暇顾及他。他每次都怀着一颗愧疚的心悻悻而去。

这种失去朋友的痛苦一直伴随着他离开校门,走上了社会。为亡友而产生的伤感也注满了他的新房,甚至在蜜月中,也不时地影响到新婚的热烈气氛,这使新娘惊诧不解、思绪万千。她看到丈夫总爱在海边定睛伫立、神不守舍,便生气道:"你总来海边,那你就去跟大海一块过日子吧!"一气之下,便离家而去了。妻子的离去,对他来说无疑是雪上加霜,使他更加痛苦。

一个星期天的上午,他听到有人在敲自己家的门。他打开门一看,有两个人,一个站在门外,另一个妇女跟了进来。妇女亲吻了他的额头,对他亲切地说道:"我的孩子,你还能记起我吗。"他仔细一看,正是自己好朋友的母亲。他惊喜地扑上去:"伯母,想不到是您来了!"妇人亲切地抚摸着他的头发说:"我的孩子,过去的事情就让它过去吧!我曾经对你不够冷静,请你多多原谅!"说着,泪水就止不住地流了出来。"伯母!我的妈妈!"他再也忍不住了,痛悔和欢喜的泪水尽情地涌出。然而,这已不再是难过的泪水,而是互相谅解的热泪。她冷静了一下,然后说道:"我今天来找你的原因是我想告诉你,从你的身上,我看到了我的儿子还活着,你为他倾注了自己的哀思,我从你的情感中感受到人生的欢乐。让我们互相谅解吧,让我们如同一家人那样互相体恤吧。我从你妻子那里了解到你的感情,我觉得你是可敬的。但是,我与你、她与你之间还缺乏谅解的精神。现在,我把你的妻子给你找来了,我真心地希望你们能相互原谅,然后相互帮助,白头到老!"

此后,他消除了内心的忧虑,和妻子和好如初,相亲相爱。此外,他们还把朋友的母亲接来和自己同住。

真正的友谊,不会因任何事情改变而发生改变。对于一份真挚的友情,我们值得用毕生的时光来守候。

# 让朋友不再孤独

十岁那年,倍斯特因输血不幸染上了可怕的艾滋病。从此,很多伙伴都故意躲着他。唯一陪在他身边的朋友只有大他四岁的吉姆。离倍斯特家不远处有一条小河,河岸两边开满了鲜花。一天,吉姆告诉倍斯特,或许可以把那些花草熬成汤,说不定喝了之后能治病。

倍斯特虽然喝了吉姆煮的汤,但身体还是没有一点好转,谁也不知道他什么时候就会离开人间。后来,吉姆的妈妈再也不让吉姆去找倍斯特了,她怕一家人都染上这可怕的病。但这并不能阻止两个孩子的友情。

在一份报纸上,吉姆无意当中看到一则消息,说新奥尔良的费医生找到了能治疗艾滋病的植物,这让他兴奋不已。

在一个晴朗的夜晚,吉姆带着自己的好友倍斯特悄悄地踏上了去新奥尔良的路。他们没有坐车,而选择了划船。吉姆用木板和轮胎做了个很结实的船,他们躺在小船上,听见流水哗哗的声响,看见满天闪烁的星星,吉姆告诉倍斯特,到了新奥尔良,找到费医生,他就可以像别人一样快乐地生活了。

走了没多久,他们的船就开始进水了。因此,他们不得不改乘汽车。为了省钱,他们晚上就睡在随身带的帐篷里。倍斯特咳得很厉害,从家里带的药也快吃完了。这天夜里,倍斯特冷得直发颤,他用微弱的声音告诉吉姆,他梦见二百亿年前的宇宙了,星星的光是那么暗那么黑,他一个人待在那里,找不到

回来的路。吉姆把自己的球鞋塞到倍斯特的手上："以后睡觉，就抱着我的鞋，想想吉姆的臭鞋还在你的手上，吉姆肯定就在附近。"

他们身上的钱用得差不多了，可距离新奥尔良最少还要走上四天四夜的路。倍斯特的身体越来越弱，吉姆不得不放弃了计划，带着倍斯特又回到了家乡。不久，倍斯特就住进了医院。吉姆依旧经常去病房看他。只要两人在一起，病房内就充满欢乐。他们有时还会合伙玩装死游戏吓医院的护士，看见护士们上当的样子，两个人都忍不住大笑。吉姆给那家杂志写了信，希望他们能帮助找到费医生，结果却杳无音讯。

在秋高气爽的一个午后，倍斯特的妈妈上街去买东西了，吉姆在病房陪着倍斯特，夕阳照着倍斯特瘦弱苍白的脸，吉姆问他想不想再玩装死的游戏，倍斯特点点头。然而这回，倍斯特却没有在医生为他摸脉时忽然睁开眼笑起来，因为他真的离开了人世。

那天，吉姆陪着倍斯特的妈妈回家。两人一路无语，直到分手的时候，吉姆才抽泣着说："我很难过，没能为倍斯特找到治病的药。"

倍斯特母亲简直哭成了一个泪人："不，吉姆，你找到了。"她紧紧地搂着吉姆，"其实，倍斯特最大的痛苦不是病，而是孤独，而你恰好给了他快乐，给了他友情。他一直为有你这样一个朋友而骄傲。"四天后，倍斯特安静地躺在了长满青草的地下，双手抱着吉姆穿过的那只球鞋。

因为是朋友，所以即使倍斯特患了重病，吉姆依然是不离不弃。此外，他还给自己的好友打气，给他挑战病魔的勇气。他们的友谊是深深的情感，很值得我们学习。

# 高山流水

俞伯牙是我国春秋时期楚国的一个音乐家，他极其擅长弹琴。俞伯牙每次弹琴都会招来很多小动物，听到琴声的动物感到快乐，听到琴声的人则忘掉忧愁。因此，俞伯牙在楚国非常有名，全国上下都非常敬重他。很多时候，百姓都会拿一些东西去换他的一首曲子来听。

除了俞伯牙，楚国还有一个人十分出名——钟子期。钟子期是一个樵夫，他不会演奏任何乐器，但是他极其懂得欣赏音乐，常常能在音乐中感受到别人感受不到的东西。尤其是听琴，他不仅能听出其曲的来历，还能够听出抚琴人的心情。

一天晚上，俞伯牙边赏月，便弹奏。突然，他听到有人在背后偷偷赞赏自己的琴声，原来是年轻的樵夫钟子期。经过各自介绍之后，两人很快就开始一起讨论琴艺。俞伯牙发现钟子期虽然是一个樵夫，但是他的音乐修养很深，不在自己之下，俞伯牙对他越加敬重。

俞伯牙说："现在，我来弹琴，你试着听听我的心里在想什么。"

钟子期说："好的，我一定尽量，你尽情演奏吧！"

这时，俞伯牙突然想到了高山，在弹奏时琴音中表现出高山的意境。

钟子期说："太妙了，高山，巍峨高大，意在高山。"

俞伯牙想到江水，在弹奏时琴音中表现出流水的意境。

钟子期说："太妙了，流水，奔腾的流水。"

俞伯牙心中所想的东西，钟子期都能一一说出来。为此，于是俞伯牙把钟

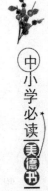

中小学必读美德书

子期引为自己的知音。

　　一次,俞伯牙邀钟子期到泰山北面游玩,游玩的途中突然遇到暴雨,他们就到岩石下面去休息,俞伯牙拿过琴来弹奏。每弹奏一曲,钟子期就领悟一曲。

　　钟子期死后,俞伯牙感叹道:"千金易寻,知音难求。"

　　俞伯牙知道人世间再没人能听懂自己的琴声,于是便悲痛地摔了自己的琴,再不弹琴。

　　知音难得,友谊珍贵。我们一定要懂得珍惜自己身边的朋友,因为很多时候朋友就是我们的知音。

# 博爱——温暖人间的乐章

# 同情是一种美德

我们需要别人的同情，反过来，我们也要给予别人同情。很多时候，真正的友谊和一切美好的事情都是从同情开始的。我们需要同情，世界也需要同情，它是一种神奇的感觉，一种神奇的力量。

同情贯穿着人类的整个历史，当一群猿站了起来，开始用他们的双手进行艰苦异常的劳动时，人类便开始了与自然长时间的抗争。然而在自然和灾害面前，我们人类显得那么微不足道。当我们回溯历史，看到祖先的群居，人与人之间的和睦相处，我们多么感叹情感的交流。普遍的同情，给予人类祖先力量。在那狂暴的历史进程中，同情给了人类的生存与发展很大的契机。

当人类出现，社会也开始进步的时候，人与人之间的关系便显得十分重要。在历史的长河里，我们遭受了太多的惊涛骇浪：每一场自然灾害都让我们失去自己的同类，留下生者那长久的哀思与痛苦；每一场战争都让我们失去太多的兄弟姐妹，"集团式"的对抗带来的往往是血流成河；每一次社会的变革，不论是推进了社会的发展还是阻碍了社会的发展，我们大多数人都只能像一叶孤舟一样在风雨中飘摇。但我们最终还是坚强地站了起来，没有被种种困难和苦难击倒，我们依旧站立在自己的土地之上，只因为我们是"我们"，而不是"我"。

我们同舟共济、同病相怜。在暴风雨中，我们用心灵温暖着彼此。心与心互相碰撞，心与心互相抚慰，我们因彼此的同情而感受到坚实的后盾。遭遇苦难的时候，我们找到奋发的动力，将人与人之间的感情作为能量。

试想一下,当我们对一个愤怒者或失落者说:"我不觉得你这样有什么不好,相反,换作是我,我也会像你一样,甚至比你的情况还遭。"的时候,他一定会深感安慰。这样的同情可以平熄一场怒火,可以阻止一场战争,可以让一个人重新站起来,重新振作。

# 被欺骗的感觉

在一个暑假里,罗杰斯和吉米在一起玩的时候,罗杰斯用谎言骗哭了吉米。为此,妈妈很严肃地教训了罗杰斯,告诉他不能那样对自己的弟弟。然而,罗杰斯却觉得,只不过一个玩笑,用不着那么在意。之后罗杰斯的妈妈便没有说什么,而是开始高高兴兴地做起饭来。中午吃饭的时候,妈妈问罗杰斯:"今天下午,你愿意去看电影吗?"

罗杰斯十分高兴:"哇!我当然愿意!"罗杰斯问妈妈要去看什么电影。妈妈说是《音乐之声》。罗杰斯说:"噢,太棒了!非常愿意去看《音乐之声》!"吃饭完,罗杰斯就去洗澡,然后整理穿戴,感觉就像去赴一个生日宴会。

妈妈带着罗杰斯走出公寓,去赶开往市区的公共汽车。到了车站,妈妈说出了一句令罗杰斯非常惊讶的话。她说:"我的孩子,我们不去看电影了。"

罗杰斯最初没有反应过来。"什么?"他抗议道,"什么意思?我们不去看电影了吗?妈妈,你说过要带我去看《音乐之声》的!"妈妈停下来,用胳膊搂住他。罗杰斯不懂得她的眼睛里为什么会有泪。接着,她拥抱着他,轻声解释说,这就是被谎言欺骗的感觉。

妈妈说:"说真话是非常重要的,我刚才对你撒谎,我觉得糟透了。我不愿

意再撒谎了,我相信你也不愿意再撒谎了,人与人之间必须相互信任,你懂了吗?"

罗杰斯向妈妈保证道:"我以后一定不撒谎了,我现在已经接受这个小小的教训了。但我还是想问,为什么我们不去看《音乐之声》,我们不是还有一些时间吗。"

妈妈说:"不是今天,但我们以后肯定会去。"

# 真诚的人格无价

在一个风雨交加的晚上,一对上了年纪的夫妇来到一家旅店投宿,两人带着非常简单的行李。进店后,男人对店里的服务员说道:"实在不好意思,今晚先在你们这里借宿一晚,因为我们找遍了这里所有的旅店,都没有空房了。"

服务员解释道:"这几天的确有些紧张,因为有三个会议同时在这个地方召开,所以旅店都住满了。但因为考虑到你们二老行动不便,我勉强可以给你找个落脚地。"服务员一边说一边把两位老人往里边请:"我们的旅店也客满了,要是你们不介意的话,你们就睡我的床吧!"

那对夫妇异口同声地问:"那你怎么办呢?"

服务员说道:"这个不碍事,我身体很好,在桌子上趴一会儿,或者在地上打地铺都不碍事的。"

第二天一大早,老人起来付房钱,但服务员坚持说:"我自己的床铺不是用来盈利的,我怎么能要你们的钱呢?"

老人说道:"年轻人,你可以成为美国一流旅馆的经理。"

服务员听后，只当是一个笑话，畅怀大笑起来。两年后的一天，年轻人收到了一封信，信里附着一张到纽约的双程机票，邀请他的正是两年前在那个雨夜借宿的客人。

年轻人按照信上的指示，来到了纽约，老人把他带到第五大街和第三十四街的交汇处，指着一幢高楼说："小伙子，眼前就是我们给你盖的旅馆，我希望你能当这里的经理，来管理这里。"那位年轻人就是后来大家都熟识的纽约首屈一指的奥斯多利亚大饭店的经理乔治·波尔特，那位老人则是威廉·奥斯多先生。

健全的人格是做人的关键，很多时候帮助别人就是帮助自己。多伸出自己的援助之手，有一天别人也自然会对自己伸出援助之手。记住，多一份真诚的付出，就会多一份收获。

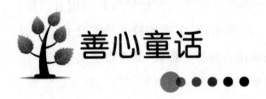

## 善心童话

某地有个富有的财主婆。一天，正当她吃茶点的时候，向她走来了一个乞丐。乞丐乞求得到一杯水，但财主婆十分厌恶地说："喝茶水。我看你只适合去那边河里面喝一点。"说完，就赶走了乞丐。乞丐显然渴得很厉害，但又很无奈，只好踉踉跄跄地走开了。

给财主家烧饭的那个姑娘十分丑陋，不过心地很好，十分同情乞丐。她看到财主婆那样对乞丐，便从自己的饭中拿出了一个饭团，盛了一碗水，从后面追赶上去送给乞丐。乞丐因为渴得要命，接过碗来就咕嘟咕嘟地把水喝光了，接着又把饭团接到手里。乞丐非常感激姑娘，于是就拿一条手巾用来答谢姑

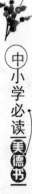

娘。接着,便离去了。

第二天早晨,天还没亮,烧饭姑娘已经起床了。她用那条手巾擦了擦洗过的脸,紧接着就去打水烧饭,忙得团团转。

太阳老高了,财主婆才懒洋洋地起床了。烧饭姑娘送过饭来,她一个劲地瞧着烧饭姑娘的脸,瞧得烧饭姑娘感到有点奇怪。

"我脸上沾上什么脏东西了吗?"姑娘说罢,就拿出手巾来又擦了擦脸。

就在那时候,财主婆简直吓瘫了,她说:"哎呀,你那条手巾怎么啦?哦,你的脸怎么啦?"她大声嚷嚷起来。

听到喊声,女仆和男仆都赶了过来。大家见到烧饭姑娘第一句话就是:"这是怎么回事?快看她的脸!""她怎么完全变了模样?变成一个美女啦!"

尽管如此,烧饭的那个姑娘还是不明白发生了什么。于是,她赶紧跑回自己的住处拿镜子一看。这一看,连她自己也惊呆了。原来被嘲笑的乌黑的猴子脸,已变成了雪白的脸蛋,眼睛也变得水灵灵的,她变成了一个美丽的姑娘。

财主婆说:"噢,用那条手巾擦一擦脸就能漂亮哪!借给我用用看。"接着就上前夺过手巾,使劲地擦了擦脸。只可惜,财主婆的脸并没有变化。于是,她只好把手巾还给烧饭姑娘。可姑娘用它再擦一擦脸,却变得更美啦。

财主婆说:"你这条手巾是从哪里来的?说给我听听!"

烧饭姑娘说道:"是昨天我给那个乞丐喝了水以后,他说是作为谢礼。"财主婆:"哎呀,原来是那个乞丐给你的。要是早知道这样,给他一碗水喝就好了!"财主婆后悔得直跺脚,对奴仆们命令说:"喂!你们快到四处去找找,给我把昨天来讨水喝的那个乞丐找回来!"

于是,财主婆发动了所有家丁,为的就是去寻找那个乞丐。为了交差,家丁们只要见到乞丐,就扭着胳膊拖回家来。没过多久,财主婆家已经是满院子的乞丐了。"好哇,好哇!这里头也许有一个带着宝手巾的乞丐呀!喂,把喝的吃的东西都拿来!"这时,财主婆脾气好多了,她恳求乞丐们吃喝。乞丐们当然很高兴,大吃特吃,有的甚至还歌舞起来,也有的吃饱喝足就睡着了。

就这样,乞丐们闹腾了整整一夜。第二天早晨,正当乞丐们一个一个往外走时，财主婆发话了，他说："难道你们当中没有一个人有手巾吗！有的话把手巾交出来再走吧。"虽然她这样说了，可是这些穷要饭的，即使有人带着手巾，也舍不得丢下。他们照旧一个跟着一个往外走，并不见有谁交出手巾。

眼看乞丐快走光了，财主婆气得脸发青，上前揪着走在最后的一个乞丐，粗声粗气地大叫道："把手巾给我！"最后，这个乞丐掏出了一条手巾扔给了财主婆。财主婆以为自己也找到了那条神奇的手巾，于是就赶忙用这条手巾去擦脸。谁知道，还没擦第二下，财主婆就变成了一匹马，嘶叫着跑出了家门。

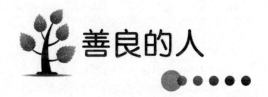

# 善良的人

小何家一直很穷，高中毕业后，他考上了一所大学，但家里承担不起他的学费。为了实现自己的大学梦，小何做起了生意，挨家挨户地去推销商品。很多时候，为了省钱，他常常向别人讨吃的。

一天，小何敲开了一家人的门，来开门的是个小女孩。小何本来想讨饭吃的，可看到是个小女孩，他有些不好意思，于是就说只想讨碗水喝。小女孩看他非常饥饿的样子，拿来水的时候还捎带了几块面包。他狼吞虎咽地吃着，小女孩偷偷地在旁边笑着看。

吃完之后，他打算给小女孩一些钱。但小女孩拒绝了，小女孩说这些食物家里有很多。他很感动，觉得自己非常幸运，在陌生的地方还能得到他人如此温馨地关照。

20年后，这个小女孩长大成了一个青年人。一次，她病倒了，在医院一住就是几个月。在医生的医治和护理下，小女孩的病情逐渐好转。过了一段时

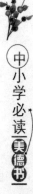

间,基本上康复了。出院那天,护士交给她医疗费用账单,她简直不敢打开,因为她知道那一定是一笔不小的费用,自己可能要用后半生才能还清。当她慢慢打开后,她惊奇了,因为上面写着这样的话:一杯凉水和几块面包,足够偿还全部的医疗费。原来,主治医师就是当年的那个穷学生。她禁不住感动,流下了幸福的热泪。

别人对我们滴水之恩,我们应该涌泉相报。善良,会同情别人的人一定不会被生活抛弃,因为他的生活当中到处充满着感恩。滴水之恩,涌泉相报。善良的人,是不会被生活遗弃的,因为,他(她)的生活里充满了感恩。

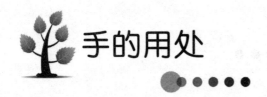

# 手的用处

很久以前,在中国的某个地方有个忠厚的老人。他的一生都是在田里做活,他养了三个儿子。随着年龄的不断增长,老人的身体一天不如一天,开始被病魔缠身。

一天,老人的病情突然加重了。当晚,老人把三个儿子唤到床前,颤抖地说道:"你们知道,手最大的作用是什么吗?"

大儿子抢先答道:"当然是拿东西吃了。"

老人摇了摇头,然后示意让二儿子表态。二儿子说道:"既然不是用来拿东西,那就是用来打人的。"

老人依然要头,然后又问三儿子。三儿子回答说:"手是用来做事和帮助人的。"

这次,老人点头了,说道:"你们三个,只有你们的弟弟说对了,人的手就是用来做事和帮助人的。

　　说完，老人闭上双眼，离开了人世。

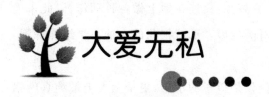

## 大爱无私

　　自小父母逝世后，男孩和妹妹就一直过着相依为命的生活。男孩对妹妹的爱，胜过对任何人的爱。

　　然而，一场突如其来的灾难却降临到了两个孩子身上。男孩的妹妹不幸患了重病，需要输血。但医院的血太贵，兄妹俩根本承担不起那么昂贵的费用，尽管医院免去了他们的手术费。但是不输血又不行，不输血妹妹就会死去。

　　男孩是妹妹的唯一亲人，既然别的血液用不起，那么就只能用自己的了。医生问男孩是否勇敢，是否有勇气承受抽血时的疼痛。男孩稍一犹豫，十岁的大脑经过一番深思熟虑，终于，郑重而又严肃地点了点头，仿佛做出了一个极其重大的决定，脸上洋溢着勇敢的神情。

　　医生给男孩抽血时，男孩十分安静，不断地向邻床上的妹妹微笑。抽血后，男孩忧伤地躺在床上，一动不动，但还是依然看着临床的妹妹，看自己的血液一点一滴地流入妹妹的身体。手术完毕后，男孩停止了微笑，声音颤抖地问："医生，我还能活多长时间？"

　　医生听到这样的问题，差点笑了出来，但一想到男孩的勇敢，瞬间又被震撼了。在男孩十岁的大脑中，他认为输血会失去生命，但他仍然肯输血给妹妹。在那一瞬间，男孩所做出的决定付出了一生的勇敢并下定了死亡的决心。

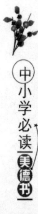

医生用渗出汗的手紧握男孩的手说:"你放心,你不会死,输血不会死的,恢复几天就好了。"

顿时,男孩的眼中放出了光彩,说道:"这是真的吗?那么我能活多少年?"

医生笑了笑,答道:"你能活到 100 岁,小伙子,你很健康!"

这时,男孩从穿上蹦了起来,十分高兴,接连在地上做各种动作,以此来确定自己真的没事,然后挽起了胳膊对医生说:"那就把我的血抽一半给妹妹吧,我们两个每人活 50 年!"

在场的人都震惊了,都说这不仅仅是孩子的承诺,更是全人类最纯真的诺言。同别人平分生命,即使亲如父子,恩爱如夫妻,又有几人能如此快乐、如此坦诚、如此心甘情愿地说出并做到呢?

什么时候,我们才能像故事当中的那个男孩一样,付出了还如此快乐、如此坦诚。这需要勇气,需要真爱,更需要大爱和博爱。

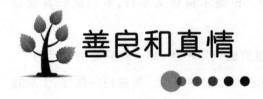

# 善良和真情

墨尔本是生活在美国的一个小男孩,正在念小学二年级。一天下午放学回家,他一进门见到妈妈就扑进她的怀抱里抽泣,然后不清不楚地说道:"今天有一节课课间休息时,有个男同学嘲笑我,他高声喊道:'墨尔本,墨尔本,慢得像龟没法逃,长得太胖怎么好?'接下来,几乎所有人都跟着他喊了。他们那样嘲笑我,妈妈你说我该怎么办?"

墨尔本的妈妈说道:"妈妈觉得最好的办法就是你和他们一起闹?"

墨尔本:"怎么闹?"

妈妈说："我们不妨用喜儿糕试一试。"

墨尔本："喜儿糕?"

"是的! 墨尔本的喜儿糕。我们现在就来做。"很快厨房里就弥漫着烘烤巧克力、椰丝、奶油和果仁的香味。面粉团刚烤成浅咖啡色，妈妈就把蛋糕从烤箱里取出。

妈妈问道："你的班上有多少个同学?"

墨尔本："一共 23 个。"

墨尔本接着说："那么我就把喜儿糕切成 28 块。每个学生一块，老师查理金斯太太一块，再给她一块带回去给她的丈夫，还有一块给校长——剩下两块我们现在就吃。"

妈妈说："明天我开车送你到学校之后，我会先去跟查理金斯太太谈谈。到时候她会叫你的同学排好队，然后一个接着一个地对你说:'墨尔本，墨尔本，请你给我一块喜儿糕!'"妈妈接着说："然后呢，你就从盘子里铲起一块来，放在餐巾纸上，对你的那些同学说，我是你的朋友墨尔本，这是你要的喜儿糕!"

第二天，墨尔本按照妈妈说的做了以后，再没有人嘲笑他了。墨尔本听到得全是这样的声音:墨尔本，墨尔本，给我烤个喜儿糕!

在万圣节和圣诞节的时候，墨尔本的妈妈烤了喜儿糕，然后让墨尔本带到学校分给同学。昔日嘲笑他的人都成了他的朋友。

记住，在学校里面，不论别人怎样对你，你都要对人家友好，要率先表示友好，尽量把嘲笑自己的那些人变为自己的朋友。这样我们的校园生活就会更加精彩与和谐。

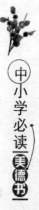

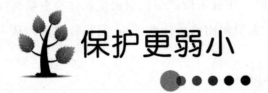

# 保护更弱小

一次,劳伦斯和自己的父亲、母亲以及上五年级的托利亚一起到森林中玩。森林中景色美好,他们一家人玩得十分欢快,他们还在开满了铃兰花的森林中做游戏。

林中旷地附近还长着很多野蔷薇,正在绽放,十分漂亮。

最后,他们全家人坐在灌木附近,劳伦斯的父亲看着一本十分有趣的书。

突然,雷声大作,狂风暴雨。托利亚把自己的雨衣给了妈妈,虽然她怕淋雨;而妈妈却又把雨衣给托利亚,虽然妈妈也怕淋雨。

劳伦斯问道:"妈妈,托利亚把自己的雨衣给您,您又把雨衣给托利亚,托利亚又把雨衣给我穿上,你们这是做什么,结果还不是一样的吗?"

劳伦斯的妈妈说:"我们每个人都应该保护弱小的人。"

劳伦斯问道:"那么,我保护不了任何人,就是说,我是最弱小的人吗?"

妈妈笑着回答说:"要是你谁也保护不了,那你真是最弱小的人!"

他朝蔷薇丛走去,掀起雨衣的下部,盖在粉红的蔷薇花上;滂沱大雨已经冲掉了两片蔷薇花瓣,花儿低垂着头,因为它娇嫩纤弱,毫无自卫能力。

劳伦斯问道:"我想我现在不是最小的了吧?"

妈妈这样回答:"是的,我的孩子。你现在可是我们当中最强的了。你是最勇敢的了!"

帮助弱小者是良好的品德,能够关照别人的人也能得到被人的关照。能够为别人付出,帮助别人的人才是真正的强者。

# 提灯女神

1854，英国、法国、土耳其、撒丁王国先后向沙俄宣战，目的是为夺取巴尔干半岛的控制权。这就是历史上的克里米亚战争。战争很残酷，死了很多人，遍地都是尸体。

战争发生后，有一位年轻的女护士主动去到战场后方，白天协助医生给病人做手术，以及做一些护理性的工作，到了晚上，她就独自提着油灯，沿着崎岖的小路，在四英里之遥的营区里一间病房一间病房地探视伤病员。

久而久之，士兵们都对这位护士产生了敬意，并亲切地称呼她为"提灯女神"。每当这位护士从自己身边走过，战士们就像感到一阵春风刮过一样。很多士兵甚至挣扎着亲吻她那浮动在墙壁上的修长的身影。这位护士，就是著名的南丁格尔。

南丁格尔出生很高贵，家里很有钱，是上流社会人家。但是南丁格尔不顾家人的反对，不顾世俗的偏见，投身于当时只有最底层妇女和教会修女才做的护理工作。为了投身护士事业，她一生都没有出嫁。

可以说，南丁格尔的一生对现代护理和护理教育做出了伟大的贡献。南丁格尔是现代护理工作的奠基人，"白衣天使"的先驱。但她在 81 岁那年因为操劳过度而右目失明，而在 90 岁的一个夜晚她在睡梦中安然辞世。

南丁格尔的一盏灯，她照亮着护理事业，南丁格尔留给我们的身影，永远受到我们的爱戴，南丁格尔的崇高精神，永远受到我们的尊敬。

世间还有什么比得上关爱更加令人尊敬呢？人道主义的关怀和精神是最

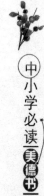

伟大的关爱。只要我们每个人都学会关心他人，为他人付出，不论是我们的校园还是周围的其他环境，都会变得充满爱。

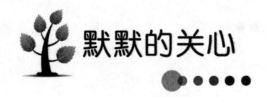

# 默默的关心

今年满 15 岁的悦悦刚刚初中毕业，因为家里条件不允许，所以就没让她上高中。于是，悦悦跟着村里的姐妹们一起到了北京，准备在那里找份工作。

来到北京后，经过一个多星期的奔波，悦悦总算找到了一份保姆工作。主人家很有钱，但非常苛刻。悦悦天天除了做饭洗衣服，还得带小孩，累得够呛。

一个星期天的下午，主人让悦悦到一家裁缝店去取她订制的旗袍，说晚上 8 点钟就要用。那个店离家很远，要倒好几趟车。加上这个城市的街道纵横交错，又到了华灯初上的时分，悦悦坐着坐着就糊涂了。

等回来的时候，悦悦已经完全糊涂了，虽然记得公车的编号，但坐反了方向。这趟车无人售票，所以悦悦上去就投了一元钱，也没问问司机。车大概走了 20 多分钟，乘客就差不多走光了。悦悦看着窗外闪烁的霓虹灯，一点也没有注意到自己的错误。车很快到了终点。

剩下的人很快就跳下了车。悦悦也跟着要下，可是在车门那儿她猛然发现这个车站和来时的不一样。她望望司机，司机也正在看她。

悦悦讷讷地问："这，这好像不是北京路，这是哪儿啊？"

司机一愣，随即明白过来："北京路？这是终点站，你一定是把方向搞错了。"

悦悦几乎要哭起来了："什么？那怎么办？"

司机说道:"别急,我现在就要重新开出站。待会儿你就可以直接在北京站下车了。"

"是吗? 太好了。"悦悦边说边要掏钱,可是她立刻想起主人只给了自己 6 块零钱,刚好够她来回车钱。要是给了钱,那么剩下的钱就不够坐车回家了。

悦悦开始着急了。她使劲地翻着口袋,可是司机好像根本没注意到她没投钱,自顾自地把车开出了站。

尽管如此,悦悦还是不安心,她惶恐地坐在后面,时不时地瞅瞅司机,想看看司机到底有什么反应。然而,司机一直都是专心致志地开着车,什么表情都没有。

不一会儿,车就到了北京路。司机按了一下按钮,开了后门。可是悦悦特意跑到了前门,看着司机,想对他说钱的事。然而司机好像看透了她的心思,他把手一挥,说:"快下车吧! 你不是赶时间吗?"说着就按键开了前门。

悦悦对司机说道:"谢谢!"然后逃似的下了车。悦悦准时把旗袍送回了家,但她一直忘不了那位好心的司机。

但一个遭到窘境的时候,我们给予别人理解和帮助。因为人人都会有遇到困难的时候,你一个小小的帮助对于别人来说也许是成败和幸福与否的关键。帮助身边的人,帮助那些遇到苦难的人,这样,我们的心才会更加宽广。

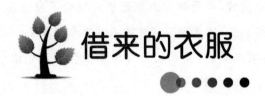

# 借来的衣服

　　艳艳是一个在北方长大的女孩，毕业后，她要去大城市追求自己的梦想。于是，她一个人踏上了开往她梦想之地的火车。

　　然而大城市的工作并不是那么好找，就在她的信心和钱包都快干瘪时，她发现了一个极适合自己的招聘启事。这使她又恢复了自信，唤起她的希望。

　　跟着这张招聘启事，她一边问人一边找去。艳艳路过一家服装店时，无意中从那家时装店的玻璃镜子中发现，原来自己的衣服这样破旧。刹那间，她觉得自己的衣服很脏，而且也很不适合去应聘。一时间，她的心里变得很乱。受老板的热情招揽，她进店试了一套比较鲜亮的时装。这时候，她冒出一个大胆的念头：我也许可以先把这套衣服租下来，然后等我面试完以后我再把衣服还给老板。

　　想着，想着，她的脚就不自主地带着她走进了服装店。见到老板后，她果真把自己的想法告诉了老板，和老板说自己很想借这套衣服穿穿，因为这次应聘对她太重要了，关系到她的前程和生存问题。她苦苦求了老板很大一会儿。

　　老板听后，脸上的表情瞬间凝固了，直直地盯着她。老板听完她的意图后，脸上的微笑凝固了，直直地盯着她。艳艳心里十分不安和紧张，觉得被老板臭骂一顿是肯定不可避免的了。但结果却出乎意料，老板接过了身份证。把身份证作为抵押，然后淡淡地说："别弄脏了就成。"

　　可以说，在艳艳眼里，老板的一举一动都十分重要。就在女孩拿到衣服准备跨出门时，老板喊住了艳艳，说道"等等，我看你的鞋也换换吧，你穿着的鞋子和这套衣服有些不相符。"

艳艳听到这话以后,立马激动地流出了热泪。这时,老板安慰艳艳道:"人这一辈子,谁都有遇到困难的时候。别哭了,好好去应聘吧,祝你成功!"艳艳抹去感动的泪水走进应聘处,面对衣装典雅、神情严肃的女经理,她充满自信,回答流畅,得到了女经理的认可。第二天,艳艳就去那家公司上班了。艳艳通过自己的努力,在一年后取得了不错的成绩,成为了公司不可缺少的一员。

一天,公司经理好奇地问:"你之前应聘时候穿的衣服怎么再没见你穿过。"

艳艳红着脸说道:"那身衣服是我借来的,我那天没有合适的衣服穿,所以就向一个服装店的老板借了一套衣服,后来应聘结束我就还了。"

很多时候,我们一个小小的帮助就能成就别人的很多东西。生活当中,难免有人要遇到苦难和困境。这个时候,我们可以去帮助需要帮助的人。

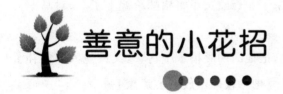

# 善意的小花招

萨德 10 岁那年,他们的妈妈就因病去世了。到了他 12 岁那年,爸爸也因一起意外交通事故离开了人间。就这样,他们一共兄妹七人,全部成了孤儿,五个男孩两个女孩。萨德被一个穷亲戚收留,其他的几个姐妹都进了孤儿院。

萨德被亲戚收留了以后,就靠卖报纸养活自己。当那个年代,美国卖报纸的小孩多如牛毛,萨德这个瘦小个子的很难争到属于自己的地盘。萨德经常是拳头挨够,苦头吃尽。从炎热的夏日到冰封的隆冬,萨德都在人行道上叫卖。世态的炎凉,让小小年纪的萨德,已学会了愤世嫉俗。

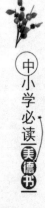

　　一个星期天的下午,一辆电车在拐过街角停下,萨德赶紧到车窗前卖了几分报纸。就在车刚刚启动的时候,一个胖胖的男人说:"卖报的,两份!"

　　萨德听到声音后,赶紧丢上去两份报。车开动了,而那个胖胖的男子却举着一角硬币只管哄笑。萨德追着电车说道:"先生、先生,给钱、给钱。"

　　那个男子说道:"只要你跳上踏板,我就把钱给你。"

　　车子越来越快,萨德赶紧把报纸从腋下转到肩上,纵身一跃想跨上踏板。没先到,萨德却一滑脚仰天摔倒。就在他刚刚站起来的时候,后边一辆马车"吱"的一声擦着他停下。

　　这时,马车上拿着一束玫瑰花的妇人冲着电车骂粗话:"那个灭绝人性的东西,我要宰了他!"然后,妇人又俯身对萨德说:"我可怜的孩子,我都看到了。你在这里等着,别走开,我马上回来。说完,妇人就对车夫说:"马克,快追上他,我要宰了他!"

　　萨德擦干眼泪,他认出了车上的那位妇女,原来她就是大明星梅欧文小姐。

　　半个小时后,妇人的马车回来了。梅欧文小姐招呼萨德上了车,对马车夫说:"马克,给这个孩子讲讲,你是怎么做的。"

　　马克咬牙说:"我揪住那家伙,把他的两眼搂了个乌青,又往他太阳穴补了一拳,报钱也追回来了。"说完,马克把一枚硬币放到了萨德手中。

　　梅欧文小姐对萨德说:"孩子,你听我说,你不要因为碰到这种坏蛋就把人都看坏了。世上坏蛋是不少,但大多数都是好人——像我这样的人,就不是坏人,你说是不是?"

　　几年后,萨德长大了。一次他又突然想起了马克痛快的描述。这时,萨德才想起来,就短短半个小时的时间,马车怎么能追得上电车,并且还搂了那个家伙一顿。

　　没错,梅欧文小姐的马车的确没有追到电车,也不可能追到电车,甚至连影子都没追到。梅欧文小姐的马车在驶出去一会儿后,又调转了车头,向一颗受了伤充满恨的心赶来。

故事当中，马克用自己的想象力虚假地描述了经过，是给一个受伤的心灵的一副良药。马克让萨德明白了一个道理，这世界上并不是所有的人都是坏人，有不道德也有正义。

# 行善的方式

从前，有位富翁，他很善良。他家建了一所大房子，为了让无家可归的人有遮风避雨的地方，他还特地叫人加长了房子的房檐。

两个月后，富翁的房子建好了。屋檐下也果真聚集了很多穷苦人，有的人甚至还在下面做起了买卖，并生火煮饭。嘈杂的人声与油烟，使富翁不堪其扰。不悦的家人，也常与檐下的人争吵。

到了冬天，因为天气严寒，有位老人冻死了。为此，很多人骂富翁不够仁慈。夏天，一场飓风刮过，别人的房子都没事，而富翁的房子因为房檐过长，居然被掀了顶。村人们都说他这是恶有恶报。

在重修房屋的时候，富翁要求工人不要修那么长的屋檐，只要小小的一个就好。因为富翁明白了一个道理：施人余荫总让受施者有仰人鼻息的自卑感，最终由自卑变成了敌对。

后来，富翁给慈善机构捐了一些钱，并盖了一间小房子。这个房子所能荫庇的范围远比以前的房檐小，但是四面有墙，是一幢正式的房子。此后，许多无家可归的人都得到了暂时的庇护，都对富翁感恩戴德。

没过几年，富翁就成了村里最受欢迎的人，大家非常敬重他。他死后，村

里的人依然对他念念不忘,时常去墓地祭拜他。

很多时候,只要改变一些方式,就会获得不一样的结果。

# 你愿意奉献一双鞋吗

一个人去听了牧师的演讲后,十分感动。于是,会后他就主动找到牧师,对牧师说愿意把自己奉献给牧师。

牧师听后就问他:"假如你现在有一辆你很喜欢的汽车,你愿意奉献吗?"

那个人很干脆地回答道:"我非常愿意。"

牧师又问:"如果你有两栋房子,你愿意奉献一栋吗?"

他又说:"我也十分愿意。"

最后,牧师问了一个简单的问题:"假如你有两双皮鞋,你愿意奉献一双吗?"

那人这个时候不再那么爽快了,说道:"这个我不愿意。"

牧师十分吃惊,就问:"能告诉我原因吗?"

他说道:"因为我没有汽车,也没有两栋房子,但我却有两双鞋子。"

孩子,看完这个故事以后你明白了什么。你是否明白,一个人答应付出自己没有的东西的时候十分愿意,到了真正要奉献的时候,就难了。付出是一种高尚的情操,是一种可贵的品德。

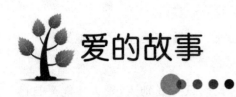

# 爱的故事

丽丽失去父母后就一直和姥姥相依为命。她们住在一间简陋的房间里面。一天晚上,楼上发生了大火,姥姥在抢救孙女时不幸被火烧死了。很快大火就蔓延开来,整栋楼成为了一片火海。

周围人们都出来了,但是她家没有什么办法,因为火实在太大,只能等火警赶来。这小女孩在楼上的一扇窗口哭喊着救命,当时人群中传布着这样的消息:消防队员正在扑救另一场火灾,要晚几分钟才能赶来。

这时,一个勇敢的男人出现了,他把梯子架到墙上,一个人钻进了火海中。当他再次出现时,手里抱着丽丽。将丽丽交给下面的人后,男人消失在了茫茫夜色之中。

后来,人们经过调查得知,丽丽在这个世界上已经没什么亲人了。一星期后,镇政府召开群众集会,希望有人出来收养丽丽。

后来,有位教师表示愿意收养丽丽,说他能保证孩子受到良好的教育。一个农夫也想收养这孩子,他说孩子在农场会生活得更加健康惬意。除了他们,其他人也纷纷发言,述说把孩子交给他们抚养的种种好处。

最后,镇上的一位富豪说话了:"你们提到的全部好处,我都能给她,并且能给她金钱和金钱能够买到的一切东西。"

从开始到现在,丽丽一直没有说话,眼睛一直盯着地板。

会议发起人这时说道:"还有人要发言吗?"这时,一个男人从大厅的后面走上前来。他步履缓慢,似乎在忍受着剧烈的痛苦。他径直来到小女孩的面

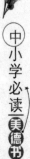

前,朝她张开了双臂。人群一片哗然。他的手上和胳膊上布满了可怕的伤疤。

这时,丽丽说话了:"这就是救我的那个人!"丽丽一下子蹦起来,双手紧紧地抱住了男人的脖子,就像她遭难的那天夜里一样。

丽丽把脸埋进他的怀里,抽泣了一会儿。然后,抬起头,开心地笑了。

最后,丽丽选择了救他的那个男人。

生活当中,我们应该明白一个道理,我们只有爱别人,别人才能爱自己。要是你不知道付出,只知道索取,那么你就得不到别人的爱,得不到社会的回报。

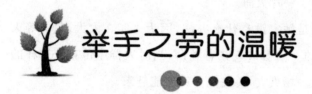

# 举手之劳的温暖

有人说,这是一个充满尔虞我诈的时代。损人不利己的事比比皆是,有的人甚至有了这样的观念:只有傻子才会去帮助别人。那些人哪里知道,天堂和地狱的区别就在这里。

传说,有一个人一次被带去参观天堂和地狱,以便比较之后能聪明地选择他的归宿。他先去看了魔鬼掌管的地狱。第一眼看去令人十分吃惊,因为全部的人都坐在酒桌旁,桌上摆满了各种佳肴,包括肉、水果、蔬菜。然而,当他仔细看那些人时,他发现他们当中没有一张笑脸,也没有伴随盛宴的音乐或狂欢的迹象。坐在桌旁的人看上去十分沉闷,各个都是无精打采的样子,而且皮包骨。他发现每人的左臂都捆着一把叉,右臂捆着一把刀,刀和叉都有 4 尺长的把手。使用它,根本不能用来吃饭。所以即使每一样食品都在他们手边,结果还是吃不到,一直在挨饿。

接着,那个人又被带到天堂,景象几乎一样,同样是食物、刀、叉与那些4尺长的把手。不同的是,天堂里面的人都不是沉闷的,他们在不断地唱歌和欢笑。他很不解,为什么情况相同,结果却如此不同。在地狱的人都挨饿,可是在天堂的人吃得很好而且很快乐。最后,他看到了答案:原来,地狱里面的人每个人都是试图喂自己,可是一刀一叉以及4尺长的把手根本不可能让自己吃到东西;而天堂里面的人都是选择喂给对方,正因为他们相互帮助,最终他们才有了回报,吃到了东西。

要是我们帮助别人使他们获得他们想要的东西,那么他们也会帮助我们获得我们想要的东西。而且,这是成正比的,你帮助别人越多,回馈给你的也就越多。

# 不要带着有色眼镜看人

一天,鸡妈妈发现自己的宝宝丢了一只。于是,鸡妈妈就想,一定是别的动物偷走了自己的宝宝。于是它就从距离自己最近的动物身上寻找线索。鸡妈妈首先怀疑的是自己的邻居,它自言自语地说道:"那只白兔住得离我这么近,就是为了伺机偷吃我的宝宝。"

有了一些怀疑之后,鸡妈妈就仔细研究,心想:是的,看它那一对耳听八方的大耳朵,正是强盗的特点啊!它那一双红眼睛,就是恶魔的本质呀!它的尾巴之所以那么短,一定是偷小猪的时候让母猪咬去了半截的!

于是鸡妈妈越看白兔越觉得他就是罪魁祸首,想着想着,就情不自禁地哭了起来:我可怜的宝宝啊,你死得好惨啊!"

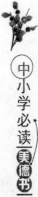

第二天,意想不到的事情发生了,鸡妈妈的宝宝回来了。宝宝告诉它,自己在外面玩的时候迷失了方向,所以就回不了家了。

鸡妈妈这时想到:看来我真是冤枉白兔了,我究竟是怎么回事,竟然怀疑起了自己的邻居?

于是,鸡妈妈认真地做了检讨,在心里告诉自己:看白兔的那双红红的眼睛,一定是受别的动物欺负了,看它那短短的尾巴,一定是被恶狗咬断了!它怎么会吃我的宝宝啊。

没错,在我们没有真凭实据的时候,就不要随便怀疑他人。带着有色眼镜看人,只会让我们的心里疑神疑鬼,生活不得安宁。

# 以德报德

美国有个十分富有的人,由于他的富有,左右邻居基本没有不认识他的。很多时候,每当富人家的门铃响,门外都会站着请求他募捐的人。每次,富人都会面带微笑地拥抱一下来寻求募捐的人,然后把一把钱放到他们手中。要是来得是慈善机构的来人,他会给人签上一张数额不小的支票。

某天晚上,十分安静,富翁决定出去走走,散散步。于是,他沿着一条弯曲的街道,悠闲地一直往前漫步。突然一个躺在人行道上的流浪汉吸引了他的目光。那个流浪汉的运动衫破旧不堪,虽然穿着鞋,但互不相配,而且身上散发出臭味。流浪汉也看到了富人,并且也认出了他,不过这个流浪汉没有伸手,而是选择把脸藏起来。富人站在这个衣衫褴褛的流浪汉身旁,俯下身,轻轻地抚摸了一下他的面颊,但是流浪汉却旋即闪开了脸。富人不禁苦笑了一下,然后转过身往回走去。

流浪汉一直到听不到富人的脚步声后才睁开眼睛坐了起来。他发现,在他的脚边有一张崭新的百元美钞。他一把抓起钞票,然后起身径直冲向最近的商店。同全部的流浪汉一样,他的第一个念头便是把钱挥霍在喝酒上。

当流浪汉来到商店的时候,他突然沉思了,他从心里再次感觉到了富人那充满爱心的抚摸。他心中不禁为之振奋,他下决心要从那一刻、那个地方重新开始人生。他随即向一个老妇人讨了两个 10 美分的硬币。"哟,"老妇问他,"你不再买酒了?"流浪汉摇了摇头,接着便把钱塞进了最近的电话机投币口。只听见他对电话的那头的人说道:"100 美元,全部投到微软公司名下。"

但是,正是股票的黄金时代,所以只经过很短一段时间,股票便飞涨了。后来,这个流浪汉成为了腰缠万贯的富人。

时间过得很快,当那个富人的生活还是依旧:傍晚散散步,用口哨吹吹音乐曲调,或是开门迎接来客。

一天,富翁家的门铃又响了。富翁打开门,只见外面是一个绅士。正当富翁寻思着的时候,来人先开了口:"你就是那位富翁,对吧?"

富翁机械地说道:"我能为你做点儿什么呢?"

客人说:"不是你要为我做什么了,因为在多年前你就为我做了。"

富翁惊异地问道:"我已经为你做了?"

客人说道:"是你给了我第二次人生,有了你的慷慨捐助,我得以投资并终于摆脱了贫穷。我再也不必在穷途末路上堕落了,我已能在拥挤的人行道上昂首阔步了。因此,我应该向你表示由衷的感谢。"

通过一番对话,富翁终于认出这位来客就是曾经蜷缩在街头的那个流浪汉。于是说道:"你当时并没有向我索取,我只是献出我的一点爱心而已,换做别人我也一样会给。"

客人说道:"正因为如此,我更要来向你致谢。"

富翁说:"可是我很富有,我有很多钱财要给别人,而从未想到要从别人那里得到回报。"客人点头称道:"很好。其实我也没有什么东西送给你——我的

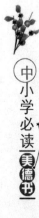

一切，都是你给的。我来这里的唯一目的就是向你道声谢谢。"富翁睁大了眼睛看着向他走近的来客将他拥抱。

生活当中，我们应该懂得知恩图报，只有这样，我们才能在有限的生命里获得无限的幸福和快乐。学会拥抱那些需要帮助的人，也学会拥抱帮助过你的人。

# 像天使一样微笑

美国加州有位非常幸运的小女孩，在她六岁生日那天，她在路上遇到了一个慷慨的路人，那个路人一下给了她4万美元的现款作为生日礼物。

一个六岁的小女孩一下得到这么多钱，这消息一经传出，就轰动了整个加州。记者纷纷找上门来，访问这个小女孩："小妹妹，请问你认识那位给你钱的人吗？你有没有想过他可能是你的一个远房亲戚？他为什么会给你那么多的钱？4万美元，那是一笔很大的数目啊！那位给你钱的先生，他是不是脑子有问题……"

女孩微笑着说："我不认识他，也从未见过他，他更不是我的远房亲戚。我想……他脑子应该也没有问题！为什么给我这么多钱，我也不知道……"尽管记者用尽一切方法追问，仍然无法一探究竟。

后来，小女孩的邻居和家人试着用小女孩熟知的方法来引导她，让她回想事情的经过，回想一下为什么会得到那么多钱。小女孩努力地想了又想，约摸过了十分钟，她若有所悟地告诉父亲："就在那一天，我刚好在外面玩，在路上碰到那个人，当时我对他笑了笑，就只是这样呀！"

父亲接着问道:"你想一想,对方对你说了什么没有?"

小女孩答道:"我好像只听他说了一句'你天使般的微笑,化解了我多年的苦闷!'对了,爸爸,你能告诉我什么是苦闷吗?"

原来,小女孩在生日那天遇到的那个人是一个十分不快乐的有钱人。他脸上的表情一直是非常冷酷而严肃的,整个小镇根本没有人敢对着他笑。然而,在他遇到小女孩后,小女孩对他露出了真诚的微笑,使他的心一下子温暖起来,打开了他尘封多年的心扉。

为了感谢女孩天使般的微笑,富豪就给了女孩4万美元!一个发自肺腑、暖人身心的天使般的微笑,打开了一个人的心扉,快乐了一个人的人生。生活当中,我们也应该多对身边的老师、同学、伙伴、家人笑一笑,把我们天使般的笑容给他们。

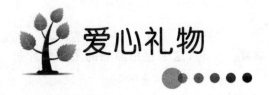

# 爱心礼物

凯立德家世世代代都以开店为业,祖父死后,凯立德继承了家里的事业。他在商店的橱窗中放了很多古董,有百年前的珠宝,金银匣子,也有日本、中国和其他国家的书画。

一个冬天的傍晚,一个小女孩呆呆地站在橱窗前,脸紧贴橱窗,睁着大大的、严肃的眼睛审视着里面的每一样东西。一会儿,她的脸上露出了喜悦的神色,转身离开橱窗,走进店铺。

凯立德站在柜台后面,当他看见这个小女孩时,眼睛里流露出冷漠的神色。女孩说:"麻烦你把橱窗当中最漂亮的那串珠子拿出来给我看看。"

　　凯立德从橱窗里拿出了那串珠子。当他把这串项链给她看的时候,珠子映衬在他的手中是多么美丽呀!小女孩接过珠子,兴奋地说道:"就是这个,麻烦你用最漂亮的纸为我包好。"

　　凯立德有些不以为然,问女孩道:"你是给别人买的吗?"

　　小女孩:"是的,给我姐姐买的,她一直在照顾我。我母亲去世后的第一个圣诞节就要到了,我一直在为我姐姐寻找一件真正的、神圣的圣诞礼物。"

　　凯立德问:"你有多少钱?"

　　接着,小女孩从口袋里面掏出一把便士放在柜台上,说道:"这就是我全部的钱,我一直在为给姐姐买礼物存钱。"

　　凯立德在脑海里面沉思了几秒,然后小心地紧紧用手遮住项链上的标价,不让女孩看见。他怎么能够告诉她价格呢?她那大大的蓝色的眼睛露出的兴奋的神色好像刺痛了他昔日的伤痛一样。

　　说着,他向店铺后面走去。他大声问道:"等一会儿,你叫什么名字?"他好像在忙着什么。

　　小孩回答说:"珍妮·格瑞丝。"

　　凯立德回到了店铺前面,手里拿着一个包,这个包用漂亮的圣诞纸片包着,并系上了绿色的缎带。

　　凯立德:"给你,在回家的路上别丢了。"

　　小女孩笑了笑,然后高兴地跑出了店门。透过橱窗他目送着她,感到比以前更加寂寞了。珍妮·格瑞丝和那串宝石再次唤起了他对过去悲痛的回忆。小女孩的头发金灿如阳光,她的眼睛碧蓝如大海,曾经他和一个头发也是这样金灿如阳光,眼睛也像这样碧蓝如大海的女孩相爱,这串蓝宝石项链就是准备给她的。

　　不幸的是,在一个雨夜,凯立德把汽车开下公路,使爱着的女孩丧生。女孩死后,凯立德感到他在这个世界上除了悲伤,其他的什么都不复存在了。

　　女孩死后,凯立德的生活只剩下孤独了。他与进店的人交谈,但做生意的时间一过,留给他的是伴随着悲伤的孤独,最后对失去爱的悲伤变成了自我悲伤。为了振作起来,他几乎尽力迫使自己忘掉了这个女孩。

珍妮·格瑞丝的眼睛把凯立德带出了自我怜惜的世界,使他想起了过去失去的一切,记忆的痛苦如此强烈。这时候,凯立德真想在今后的十天里逃离那些挑选美丽古董的欢乐的圣诞顾客。

圣诞节前夜,最后一位顾客走出了店门,凯立德感到高兴,一切都要等到新年了。

就在这时,店门打开了。一个年轻漂亮的女子进来了。凯立德看不出她有来买东西的样子,但是他感到自己好像见过她。她的头发金灿如阳光,她的眼睛碧蓝如大海。

接下来,女子轻轻地将用漂亮的圣诞纸包着的包放在柜台上,然后从口袋里掏出绿色的缎带,把它和包放在一起。凯立德打开纸包,一串蓝色的项链又重新出现在他的面前。

女子问:"你还记得你把它卖给谁了吗?"

凯立德说:"是一个叫珍妮的小女孩,她想把它作为送给姐姐的圣诞礼物。"

女子问:"这个东西卖多少钱?"

凯立德说:"这不能对你说,因为卖方从来不告诉别人买方花了多少钱,这是秘密。"

女子问:"但是珍妮只有为数不多的几枚便士!她不可能买得起的。"

凯立德又像十天前对珍妮·格瑞丝做的那样小心地用圣诞纸把项链包好,系上绿色的缎带。

凯立德:"她是买不起,不过她已经尽了自己最大的能力,她拿出了自己积攒下来的全部的钱。"

说完,店内的气氛沉静了好大一会儿。几分钟后,城市某个地方的钟声响了,圣诞节开始了。

女子问:"但是你为什么要这样做呢?"

凯立德把纸包放在她的手中。

他说:"因为我没有一个能送圣诞礼物的人,现在已是圣诞节的早上了,请让我送你回家吧! 我真想在你家门口对你说声圣诞快乐。"

在钟声中,凯立德和女子走出店门,进入了充满希望和快乐的新的圣诞节。

爱之所以让人感动,之所以伟大,是因为他给人一种温暖,让人感觉到美好和幸福的存在。

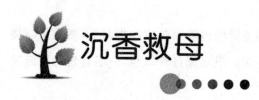

# 沉香救母

刘向是汉代的一个书生。一次,他进京赶考,在途中遇上了华山仙女三娘,然后两人一见钟情,最终两人结为夫妻。就在刘向准备京城赶考的时候,三娘怀了孕。临别时,刘向三娘留下一块祖传沉香,并给自己尚未出生的孩子取了一个名字,也叫沉香。

然而,仙女终究是要守天条的。三娘的哥哥二郎神知道三娘私自与凡人成亲后非常生气,要妹妹立即返回天庭接受惩罚。但是三娘不听哥哥的劝说,于是兄妹二人就斗起法来。因为三娘有一盏宝莲灯相助,所以二郎神根本不是三娘的对手。于是,二郎神就命哮天犬偷走宝莲灯,并自己施法把三娘压在华山下。后来,三娘在华山下生下了沉香,并求他人将儿子送到了刘向身边。

沉香长大知道母亲被舅舅二郎神压在华山下后,十分气氛,一心想救出自己的母亲。为了学好本事,沉香拜在了霹雳大仙门下做徒弟。在那里,沉香学会了六韬三略、百般武艺、七十三变。十六岁生日那天,沉香拜别师父,独自一人前往华山解救自己的母亲。

沉香到华山后,在山洞里面找到了自己的母亲三娘。三娘让沉香向舅舅二郎神求情。于是,沉香就按照母亲的话向二郎神苦苦哀求。但二郎神执意不肯放出三娘,并说要杀掉沉香。结果两人争执了起来,最后干脆打了起来。两人从天上打到地下,再从人间杀回天宫。最终,二郎神不是沉香的对手,只得落荒而逃。在这期间,沉香夺回了宝莲灯。

沉香打败二郎神后,回到了华山,用自己的神斧劈开了华山,救出了母亲。

从此,沉香一家过上了幸福的生活。

故事告诉我们,爱是一种力量。人世间最大的力量就是爱,它可以让我们忍受苦难,可以让我们经受考验,作为我们的动力让我们不断向前。

# 美丽的谎言

蒙特娜从小就喜欢音乐,三岁时就开始站在微型木琴上模仿弹奏电视广告曲,母亲连劝带哄才把她从高高的琴凳上抱下来。

蒙特娜的妈妈曾经在中国北京工作过一段时间,所以经常给她讲"狼来了"的故事,教她诚实,不说谎话。

蒙特娜很有天分,加上她聪明刻苦,14岁那年就开始练习贝多芬的《命运交响曲》,甚至还把手指磨出了老茧。15岁那年的一个冬天,蒙特娜因为要坚持冒着风雪去上老师的钢琴课,因此患了肺炎。她住进了汉诺威医院。病床左面是位女教师,右面是位文化不高的老太太。

女教师的女儿是医生,对母亲的病历总是严密收藏。

一天,女儿不在,小护士竟把ECT(加强CT)诊断报告稀里糊涂地送到女教师手中。她见报告上写着:肝 Ca(癌症的缩写)晚期。这无疑是一张死亡通知书,她掩面而泣,由于精神崩溃,半月后便离开了人世。

蒙特娜觉得是十分震惊,把真实的情况告诉病人,竟然可以加速病人的死亡进程,"狼来了"的故事在这里绝对禁用。

后来,蒙特娜的母亲对她说:"病人之间也有约定俗成的道德,不要打听别人的病,即使通过其他方法知道了,也不要把实情告诉患者。因为,在这里住院的人,有许多是癌症患者,这是要命的病。"

住在蒙特娜左边的教师离去后,让住在蒙特娜右边的老人慌张了。此后,她天天追问医生自己患了什么病,是否也会像别人一样,被蒙上白布抬出去。

在她的再三追问下,医生告诉她是肺炎。然而,她却有所怀疑,在半夜偷偷溜进了护士的值班室,偷出病历,然后叫醒佯装熟睡的蒙特娜。老太太问:"右肺下叶中心型 Ca,Ca 是什么病?"

蒙特娜十分为难,从小到大她从来没有说过一句谎话,这可怎么办才好。对一个老人说谎话,这是多么难为情的事啊。她灵机一动,想起一根救命稻草:"啊,对了,您那肺叶上有钙,过去有肺结核,现在钙化了。"老人半信半疑:"那我为什么还咯血?""医生不是对您说了,你是肺炎,和我一样。""小姑娘,Ca 是钙吗? 你不骗我?""当然,您看,这里有证据——"蒙特娜翻开化学课本中的元素周期表,指着上面的 Ca 给老人看,"你看,你看,这是全世界都通用的元素周期表,Ca 就在里面,教科书还能骗人不成?"老人凝视着蒙特娜,看她一脸的天真无邪,也就相信了蒙特娜的话。

当晚,老人幸福地睡了一觉,但蒙特娜一直没有合上双眼。老人因为没了思想负担,打了一整夜的呼噜。第二天,蒙特娜问老人打鼾的事,老人说:"我又打鼾了吗? 嗨! 好久没睡得这样香甜了! 你不会要求我今晚戴着口罩睡觉吧?"蒙特娜听了老人那么幽默的话,笑得直不起腰来。

中午,老人主动像护士坦白了,她告诉护士自己偷了病例。不过护士很奇怪,一脸惊讶地看着老人,因为他们从来没有见过知道自己得了绝症还这么高兴的人。

后来,蒙特娜才偷偷把自己编的谎言告诉了护士。护士抱住蒙特娜说:"谢谢,谢谢。"医生谎称老太太肺部感染扩大,给她切掉了患癌的肺叶。

令全部医生和护士感到惊奇的是,不到一个月,老太太竟康复出院了,她的大女儿为了感谢蒙特娜有根有据、天衣无缝的美丽谎言,愿接收这位机灵的小姑娘做她的学生——义务教蒙特娜钢琴课。

当蒙特娜得知新老师的大名时惊呆了——她就是德国最著名的钢琴家安妮·索菲·穆特尔!

名师出高徒,蒙特娜的演技一跃成"家"。去年她录制了第一张自己的演奏专辑光盘,很快就销售一空,这位 18 岁的清纯漂亮的女钢琴家每天坚持练习 5 个小时。

很快她又录制出版了老师安妮作曲、她本人演奏的第二张名字叫《美丽的谎言》的专辑。安妮的妈妈倾听唱片后,大感不解地问:"我无法听到你说的美丽的谎言,它在什么地方呢?"

安妮对蒙特娜使个眼色,然后地蒙特娜的妈妈说道:"您仔细听,这美丽就在七彩的音乐里,在人类的心灵里!"

说谎话是不好,但在一些特殊的环境下,适当的谎言能鼓励人们去面对困难。那是善意的谎言,美丽的谎言,没人会责备你说这样的谎言。

# 忧国忧民的大诗人

　　每年农历五月初五这天，我国很多地方的人都会赛龙舟和吃粽子，以此来纪念两千多年以前的那位爱国诗人——屈原。

　　屈原是战国时期的楚国人，他知识渊博，精明强干，对治理国家很有一番见解。当时，秦国通过一系列变法之后变得越来越强大，而楚国依然守着自己旧制度，一天天衰弱下去。最要命的是，秦国一心想要灭掉楚国，屈原很是为自己的国家担忧。他同楚国的国君楚怀王商量，想在楚国也实行变法革新，使楚国富强起来。楚怀王非常信任屈原，就让他来处理国家大事。

　　屈原在楚国一向很有威望，引起了不少小心眼大臣的妒忌。很多大夫都在背地里偷偷地对楚怀王说："大王，因为信任屈原才把大权交给屈原，可屈原呢，不但不感谢你，反而还在外面夸下海口说楚国离不开他。"楚怀王听后十分恼火，就收回了屈原的权利。

　　屈原满腹的救民、救国计划没有施展的机会，心里十分委屈，于是就写了《离骚》。《离骚》是一首充满爱国情怀的长诗，全诗共 373 句，每句都洋溢着屈原忧国忧民的思想，每句都能表现出屈原宁愿牺牲自己来换取国家富强的崇高志向。知道今天，屈原的《离骚》依旧是中国诗坛上的一首佳篇。

　　一次，秦国的秦昭襄王约楚怀王到秦国去签两国盟约。屈原知道后，坚决反对，他对楚怀王说："秦国一心想要灭掉我们楚国，这次肯定是一个圈套。楚国只有和东边的齐国联合起来，才能抵抗秦国的进攻。"但楚怀王就是不听屈原的忠告，最后，果然不出屈原所料，楚怀王被秦国软禁起来，最后死在秦国。

楚怀王死后,顷襄王即位。

屈原十分希望这位刚上任的顷襄王能够对前人引以为戒,然后有一番作为。于是,屈原就劝顷襄王选拔人才,远离小人,鼓励将士,操练兵马,使楚国富强起来。不过顷襄王根本不听屈原的劝告,天天享乐,根本不把国家的命运放在心上,屈原的劝告只让他觉得心烦,再加上上官大夫那一伙人总是在他耳边讲屈原的坏话,最后他索性把屈原革了职。革职后的屈原被逐到了湘南。

屈原一心想要国家富强,结果却遭到这般排挤,受到这样的待遇。屈原越想越生气,饭不想吃,水不想喝。一天,屈原独自一人漫步到洞庭湖汨罗江边上。他一边走,一边吟诵着伤感的诗句。屈原的姐姐屈须听说弟弟的遭遇后,就安慰自己的弟弟道:"你已经为国家操碎了心,大王不听你的建议那是大王的过失,你不吃不喝,干吗这样折磨自己呢?"

屈原告诉自己的姐姐说:"与其活着看自己的国家一天天走向灭亡,而自己又无能为力,还不如死了好。"

屈须说:"你的身体是父母给你的,要是你死了国家就能富强起来,那么我情愿和你一块死。可是,就算你死了,这个国家还是这样,你死了就是糟蹋父母给你的身子啊。"

屈原说:"忠孝本就不能两全。自我从离家出来为国家做事,我就是国家的认了。现在大王虽然一时受奸臣的蒙蔽,听不进我的意见,可是我不能不为国家着想,不能不为楚国的老百姓着想。"

屈须知道劝不了弟弟,之后叹着气离开了。接下来的日子,屈原一直盼着顷襄王觉悟,然后赶走围在他身边的那一帮奸臣赶走。屈原也盼望着顷襄王一天会想到他,再重新重用他,让他实现富国强兵的理想。可是一天天过去了,顷襄王一点也没有觉悟的迹象。屈原绝望了,他觉得自己再也没有机会为楚国出力了。到了公元前278年,秦国大将白起率兵攻进楚国都城郢,顷襄王吓得逃走了。屈原听到这个消息后,难过得要死。他不愿意眼睁睁地看着楚国灭亡,于是在农历五月初五这一天,投汨罗江自杀了。

楚国人听说屈原投汨罗江,都划着小船到江上去抢救。他们拼命地划呀、

找呀,可是放眼一望,四周都是一片白茫茫的江水,哪里有半个人影呢?大家回想起屈原生前的所作所为,都觉得他一生对国家忠心耿耿,死得实在冤枉。很多人为了不让水下的鱼儿吃屈原的身体,就蒸了很多饭,放到竹筒里,投入江中。

第二年的农历五月初五那天,百姓们又划着船,带上盛着饭的竹筒到江里去祭祀他。此后,竹筒改为粽子,划船改为赛龙舟,最终,这些活动成为了一种特殊的风俗。

屈原虽然死了两千多年,但人们并没有忘记他。屈原伟大的爱国主义精神和洋溢着爱国主义热情的诗篇,一直是我们中华民族精神的财富。

# 诚信——做人做事的本分

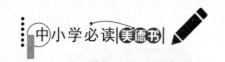

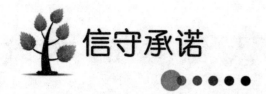信守承诺

韶钢是个又黑又胖的男生，上个月刚从乡下转到城里上学。由于他的父母在一个菜市场卖菜，于是他也就在附近的一所小学做了插班生。

进城原本是他的愿望，可来到城里一个月，他感觉不到一点快乐。班里的孩子经常用一种异样的眼光看他，让他觉得抬不起头来。课外活动的时候，他只有羡慕别人的份儿，从来不敢要求和他们一起玩。

一天，同学们还是像往常一样，下课铃声一响，大家都急忙冲出教室，去操场上玩。只有韶钢磨磨蹭蹭地在后面走着。出人意料的是，一进操场，班上最调皮的那个杉杉跑了过来："我们在玩警察抓坏蛋的游戏，缺一个人当看守，你愿意玩吗？"

韶钢心里有点紧张，有点害怕，回答道："我很愿意，但是我不知道要怎么来玩这个游戏。"

"很简单，我们当警察的出去抓小偷，你在家里守着，抓到小偷由你来看管。什么时候抓完了，我们就赢了。"

韶钢对当警察一直很向往，就说："那我也是警察吧？"

"是的，你是警察，但是你不能出去抓人，你得守在家里，这样才能防止坏蛋端了我们的大本营。"

韶钢一下子高兴了起来："呵呵，好的，我一定守得住。"接着，他便像接到了命令一般，迅速地去了操场的另一角，看守那个被称作"家"的沙坑。

游戏开始后，同学们你追我赶，似乎满操场都是他们的身影。韶钢远远地看着，盼着同伴早点抓回"坏蛋"。

一阵大风吹过，吹起了操场上的沙子，沙子飞进了韶刚的眼睛里。他使劲揉了揉涩涩的眼睛，勉强睁开眼。对方的一个同学向他跑来，韶钢赶紧做好了迎战的准备。可那个同学又从他眼前跑开了，身后穷追不舍地跟着另一个人。韶钢笑了，干脆一屁股坐在了沙子上，听伙伴们的笑声在风中飘荡。

又是一阵大风刮过，韶钢完全睁不开眼睛了，嘴里似乎也进了沙子。他背转过身去，风却没有停歇，卷了一些树叶和沙土横扫过操场。天好像也变暗了，远处传来了隆隆的雷声。"不好了，不好了，马上就要下大雨了。"韶钢不断地寻找伙伴，在操场的一边，同学们正在向教学楼赶去。"游戏结束了吗?"身边的同学都四散了，向教室跑去，韶钢迟疑了。韶钢心里有点难过，这时，杉杉朝他喊："韶钢，回去吧。"

同学们回到教室后，都嬉笑会谈，十分热闹。韶钢默默地走进了教室，然后不动声色地回到了自己座位上。看到他衣服上的雨点和沙土，一个同学走了过来："刚才我们没抓到坏蛋，不好意思。你能坚守自己的承诺，在风雨之中坚守我们的大本营，很了不起。下次，一起抓坏蛋好不好?"其他几个同学也聚拢过来，韶钢心里高兴极了。

不论是游戏还是生活，承诺都十分重要，答应过别人的事情，就要做到。只要我们能坚守自己的承诺，幸福和快乐就会常伴我们左右，朋友也会常伴我们左右。

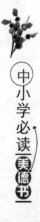

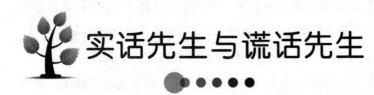

# 实话先生与谎话先生

一天晚上,实话先生在晚会上看到了一位很漂亮的老女人。接着,他便主动去向那个女人问好,说道:"女士,你使我想起了你年轻的时候。"

老女人微笑着说:"你知道我年轻的时候?"

"很漂亮,很美。"

老女人的话带有几分戏谑。"难道我现在不美,我现在很丑?"

实话先生说得非常认真:"是的,我敬爱的女士。现在你的皮肤松弛,也不再那么光泽了,还有皱纹。"老女人立即脸红,尴尬地瞪着那双愠怒的眼睛,刚才的愉悦与自信一下子消失得无影无踪了。

就在这时,谎话先生过来了,他彬彬有礼地邀请了老女人和自己一起跳舞,说:"今晚,你是舞会上最漂亮的女士,如果你能接受我的邀请,我将是舞会上最幸福的人。"

老女人眼睛顿时闪出迷人的神采,随后伸出了应允的手。谎话先生和老女人在舞池里跳了一曲又一曲,老女人沉浸在无比的幸福之中。

实话先生静静地坐在一旁,看着这对十分不协调的舞伴。跳舞的时候不知谎话先生说了什么,老女人萌发出了青春活力,全身洋溢着生命的激情与魅力,舞跳得就像年轻人一样,简直像是一个出色、漂亮的年轻女郎!

舞会结束了后,实话先生叫住了刚送走老女人的谎话先生。他问谎话先生道:"跳舞的时候你对她说了什么?"

谎话先生说道:"我对她说了我爱她,以及我愿意娶她。"

实话先生听后气愤不已地说："你又在说谎话了！你根本不会娶她。"

谎话先生说："是的，没错，我是不会娶她。但是你看见没有，她十分高兴。"

话不投机半句多，两人最终不欢而散，各奔东西。天有不测风云，人有旦夕祸福。一个月后，两个先生都收到了一封信，内容是一样的，邀请他们于当年的 5 日 9 时参加老女人的葬礼。

在葬礼上，两人不期而遇，也都看到了棺木中躺着的老女人。葬礼结束后，一个仆人朝两位先生走了过来，将两封信分别交给了实话先生和谎话先生。

实话先生的信上这样写道："我敬爱的实话先生，你是对的。你说的没错，衰老、死亡都是不可避免的事情，但你说出来却是雪上加霜。我把一生的日记全部赠送给你，那才是我的真实。"

谎话先生的书上这样写道："我敬爱的谎话先生，非常感谢你的那些美丽的谎言。它让我在生命的最后一段时光过得如此美妙和幸福，它让我生命的枯木重新燃起了青春的活力，它融化了我心中厚厚的霜雪。我把我的遗产全部赠送给你，请你用它们为更多的人创造美丽的谎言！"

后来，两位先生成为了好朋友。他们经常一边喝咖啡，一边探讨做人与处事的真谛。谎话先生十分敬佩实话先生的真诚，进而真诚地对他说道："从本质上来说，难听的实话始终要好过动听的谎言。谎言终究经不住现实的考验，而真话却经得起考验。"实话先生非常欣赏谎话先生的灵活，对他说："通过这件事情我明白了，有些时候，说谎话也是必要的。假如谎言的目的是善意的，那么就是美好的。比如息事宁人的谎话，就要胜过挑拨离间的真话。"

最后，他们之间有了一个共识：真诚，是一种宝贵的品质，但要注意时间和环境；谎言也并非就是不好的，但也要注重场合和区分是否是善意的谎言。

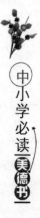

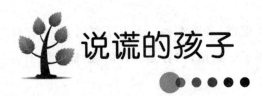

# 说谎的孩子

卡莱迪上学的时候,他的老师每次都会把学生的成绩写在一本记分册上,然后从五分到一分的级别给学生打分数。

卡莱迪刚进入学校的时候年龄还很小,只有7岁,所以上了预备班。新来的卡莱迪对学校的情况和班级的情况完全没有认识,因此,最初3个月里他简直是懵懵懂懂。一次,老师要求他们背诗。可是,卡莱迪没背会那首诗,他压根儿没听见老师的讲话。因为坐在他后边的几个同学不是用书包拍他的后脑勺,就是用墨水涂他的耳朵,再不就是揪他的头发。由于这个原因,只要一坐进教室,卡莱迪总是提心吊胆,很多时候还呆头呆脑,他要时时刻刻注意着身后,生怕有同学再想一些招数来捉弄自己。

一天课上,卡莱迪觉得十分倒霉,因为老师叫自己起来背一首诗歌。卡莱迪甚至不知道这个世界上还有那么一首诗歌,所以一个字都背不出来。

由于卡莱迪没能背出来,老师便说:"好的,既然你背不出来诗歌,那么就请你把你的记分册拿来!我给你记个一分。"

于是卡莱迪哭了,因为他还是第一次得一分。不过他并不清楚,这会带来什么后果。课后,卡莱迪的姐姐玛利亚来找他一起回家。看了弟弟的记分册后,玛利亚对弟弟说道:"卡莱迪啊,我的弟弟,你真是倒霉。要知道,再过两个星期就是你的生日了,要是爸爸知道你在语文课上被扣了一分,他就不会送给你想要的相机了。"

卡莱迪说:"那我要怎么办?"

　　玛利亚说："我看这样好了,我们干脆把记分册上有一分的那一页和另一页粘在一起,这样的话爸爸用手指舔上唾沫也打不开,到时候也就看不到那个分数了。"

　　卡莱迪说："玛利亚,骗父母亲,这不好吧!"玛利亚笑着回家了。而卡莱迪呢? 忧心忡忡地来到市立公园,坐在那儿的长凳上,翻开记分册,看着那悲情的一分。

　　在公园坐了一会儿后,卡莱迪回家了。快到家的时候,卡莱迪突然想起,自己把记分册忘在了公园的长凳上。于是,他又跑回公园,可是记分册已经丢了。起先他很害怕,继而又高兴起来,因为这下他可没有记着一分的记分册了。

　　见到父亲后,卡莱迪把情况告诉了父亲。玛利亚听了他的话笑了起来,并对他眨眨眼睛,因为她觉得弟弟一定是把它藏起来了。

　　第二天,老师知道卡莱迪的记分册丢了,又给他发了一本新的。

　　卡莱迪翻开这本新的记分册,指望上面没有一个坏分数,但在语文栏内还是有个一分,而且笔道更粗。

　　卡莱迪本以为丢了记分册后会更好,那样的话爸爸就看不到分数了,没想到现在老师又给了自己一个新的,所以十分懊丧,简直气极了,就把新的记分册往教室里的书柜后面一扔。

　　几天后,卡莱迪再次把新的记分册丢了。于是,老师又给他填了一份新的,除了语文有个一分外,老师还在上面给卡莱迪的品行打了个两分,并且说,一定要把记分册交给他的父亲看。

　　下课后,卡莱迪找到自己的姐姐玛利亚,说:"要是我把记分册上的那一页粘起来,这就不算撒谎。等拿到爸爸送给我的相机后,我再把它们分开,再给爸爸看上面的分数。"

　　一直以来,卡莱迪都很想得到一部照相机。在欲望的推动下,他和姐姐一起把记分册上那倒霉的一页的四只角都粘了起来。

　　晚上放学回家后,卡莱迪爸爸说:"我想看看你的记分册! 拿来我看

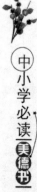

看吧。"

卡莱迪的爸爸打开了记分册,但上面一个坏分数也没有,因为那一页被粘起来了。

卡莱迪的爸爸正翻看着卡莱迪的记分册,楼梯上突然传来了门铃声。

开门后,一位妇女进来,说道:"几天前我去公园散步,在长凳上捡到一本学生的记分册,根据上面的地址,正好是你家。你看看,这是不是你儿子的。"

卡莱迪的爸爸看了看记分册,然后再看了看之前手里的那个,一下子全明白了。

卡莱迪的爸爸没有骂卡莱迪,只是轻声地说:"那些讲假话、搞欺骗的人是十分滑稽可笑的,因为谎言或迟或早总是要被揭穿的,要想人不知,除非己莫为。"卡莱迪站在爸爸面前,满脸通红。他沉默了好久说:"其实,我还把一本打了一分的记分册扔到了学校里的书柜后面,我不想你看到上面的分数。"

卡莱迪的爸爸依旧没有生气,脸上反而露出了笑容,显得很高兴。他抓住儿子卡莱迪的双手,说道:"你能把这件事老老实实说出来,这使我非常非常高兴。这件事可能长时间内没有人知道,但你承认了,这就使我相信,你再也不会撒谎。就为了你承认自己的错误,认识到诚实的可贵,就凭这一点我就要送你一个你最喜欢的照相机。"

我们应该时时记住,只要是谎言总有被揭穿的一天。虽然坚持说真话可能会适当地吃一些亏,但这些都是暂时的,一段时间后大家就知道你是真诚的了;相反,要是我们一味地说谎,最后谁都不会相信你,最终你会抱憾终生,甚至会处处碰壁。

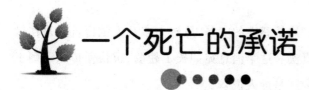

# 一个死亡的承诺

很久以前,意大利的年轻人阿尔皮斯触犯了国王。因此,他被判处绞刑,死期就在不久后的某一个时间。

阿尔皮斯是个孝子,在临死之前,他希望能与远在百里之外的母亲见最后一面,以表达他对母亲的歉意,因为他不能为母亲养老送终了。

最终他的这个要求传到了国王那里。国王听后有些感动,于是就同意了他的请求,让他回家见母亲最后一面。不过有一个前提,那就是阿尔皮斯必须找到一个人来替他坐牢,否则他的这一愿望只能是镜中花、水中月。

条件看似简单,当有谁敢冒这样一个死的危险去替别人坐牢呢,要是当事人不回来,那自己就是死路一条。不过,还真有这样的人,真的愿意替别人坐牢。他就是阿尔皮斯的朋友凯德。

凯德住进牢房以后,阿尔皮斯回家与母亲诀别。

人们都安静地看着事态的发展。

时间如那东流水,阿尔皮斯一去不回头。

眼看刑期在即,阿尔皮斯也没有回来的迹象。

人们一时间议论纷纷,都说凯德上了阿尔皮斯的当。

行刑日是个雨天,当凯德被押赴刑场之时,围观的人都大笑他的愚蠢,那真叫愚不可及,幸灾乐祸的大有人在。

但刑车上的凯德,不但面无惧色,反而有一种慷慨赴死的豪情。追魂炮被点燃了,绞索也已经挂在凯德的脖子上。有胆小的人吓得紧闭了双眼,他们在

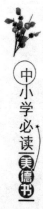

内心深处为凯德深深地惋惜，并痛恨那个出卖朋友的小人阿尔皮斯。

但是，就在这千钧一发之际，在淋漓的风雨中，阿尔皮斯飞奔而来，他高喊着：

"我回来了！我回来了！"这是感人的一幕，虽然大多数人觉得自己是在做梦，但这的确是不容置疑的真实。这个消息宛如长了翅膀，很快便传到了国王的耳中。国王闻听后，也以为这是痴人说梦。

国王来到了刑场，他要子亲自看看这个优秀的子民。最终，国王万分喜悦地为阿尔皮斯松了绑，赦免了他的罪责。

千百年来，人们对"朋友"做出的解释有千万种。当有一点却是大家所共识的，那就是朋友之间需要信任。信任，是人与人之间相互欣赏，相互了解之后的一种结果。朋友之间的信任无比重要，换句话说，要是朋友之间没有信任，那就算不上是真正的朋友。要是朋友之间能建立足够的信任，那么这份友谊就一定能天长地久。

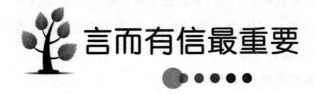

# 言而有信最重要

18世纪中期，英国的大多数富豪都有自己的花园。在马利家的花园中，有一个亭子。由于亭子年代久远，有些陈旧，马利的父亲想将其拆除，然后重新建造一个更加好看的亭子。

小马利从住宿学校回家度假，正巧赶上工人在拆亭子。孩子当然很想亲眼看一看亭子是怎样被拆除的，所以他打算迟些天返校，但是父亲却执意要求他准时上课。为此，父子两人之间有了一定的隔阂。小马利的母亲倒是像大多数母亲那样,在丈夫的面前替自己的儿子说情。末了,父亲答应将亭子的拆除推迟到来年假期,于是小马利就离开了家回到了学校。

小马利的父亲想,只要儿子去到学校,就会因为学习的忙碌而忘记这件事情。于是,儿子一走,他就让人把亭子拆了,在另一处盖了一个新的。谁想到儿子却一直把亭子这件事记在心头。假期又到了,小马利一回家,就朝旧亭子走去。

一家人吃早餐的时候,小马利有些不高兴地对父亲说:"爸爸,你说话一点都不算数。"小马利的父亲听后大为震惊,严肃地对自己的儿子说道:"我的孩子,你说的非常对,是我错了,我以后一定改正。因为言而有信比财富重要得多。假如一个人言而无信,即使他有用不完的财富,那些财富也难以用来抵消心头的污点。"

吃完饭,小马利的父亲就去找人在原地重新建一个亭子。

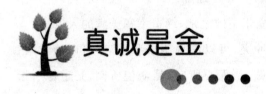

# 真诚是金

真诚是一种坦荡的胸怀,它能温暖人心,它能净化心灵,它是金。

一家新开张的商店内,站满了一群印第安人,但是他们只是看东西,并没有表示出要买的意思。过了一会儿,他们的酋长来到了店内,然后对店主说:"把你的货物拿来看看。我要给自己买一条毯子,给我的妻子买一块印花布……"店主回答说:"我的毯子需要付三张貂皮,印花布需要付一张貂皮。"酋长很爽快地答应了,说道:"我明天给你送来。"

第二天一大早,酋长带着一包貂皮来了,对店主说:"今天,我来付账了。"

说完,他就把四张貂皮拿出放在柜台上。稍后,又从包里拿出第五张,这是一块特别珍贵、特别稀有的貂皮,他把它也放在柜台上。"已经够了,"店主把它推回去,"你只欠我四块貂皮,我只收下我应得的。"酋长脸上随之露出了满意的神色。

于是,酋长就把第五张貂皮收起来了,像店外的族人们说道:"快进来吧!快进来吧!跟他做买卖吧,他不会欺骗我们印第安人的!"接着,酋长转身对酋长说:"要是你之前收下那张貂皮,我们就不会和你做交易了。不过现在你已经是我们印第安人的朋友了。"

还没到关门的时间,老板的店内就堆满了貂皮,抽屉里更是装不下的现金。

没有人喜欢和不诚实的人打交道。不诚实让我们惧怕,同时我们的不诚实也会让别人惧怕。真诚的眼睛是清澈的,真诚的声音是甜美的,真诚的态度是和蔼的,真诚的行为是无私的。一丝微笑,一句祝福,一次鼓励,一个握手,都会让人深切感受到真诚带来的温暖。

一颗真诚的心可以让你喜笑颜开,好运连连。一颗真诚的心可以温暖人间。真诚使我们广结善缘,使人生立于不败之地,缔造幸福美满的人生。

真诚的言行,可以化解矛盾和冲突,可以消融怨恨和不满,可以消散困顿和疲倦,可以打消猜忌和误会。真诚,是人心所向,是众望所归,是道德所指。真诚,是快乐一生的通行证。

# 遵守约定

对于新画展的开幕，琳达已经盼望了很久。开幕这天，琳达早早地来到了展厅，安详地在画廊中欣赏这每一幅作品。突然，他身后传来了一个女人的声音："啊！这幅山水画和上次我们去海边看到的那个景象一样啊，水蓝色的背景，远处是几只海鸥。画的下面还有很多礁石……"

琳达向来不喜欢别人在画展上大吵大闹，于是就回头看了那个女的一眼，只见那个女人还在和旁边的男士喋喋不休地说着。琳达不想让他们打扰自己的心情，便转身来到另一间展厅。可是没过多久，琳达有发现那个女人又出现在了他的身边，还是那么喋喋不休地说着。无奈之下，琳达只好去别的展厅。尽管如此，琳达还是一天到晚在不同的地方遇见那个女人。就在琳达将要离开展厅时，又在大厅碰见了他们。琳达注意到，男人从口袋里掏出一根白色的东西，拉开之后就变成了一根长长的手杖。他轻轻地敲打着地面，向衣帽间走去。

一位检票员推了推鼻梁上的眼镜，语气很感慨："你真是太勇敢了，要是我失明这么多年，早已失去了生活的勇气。可是他在康复期间一直对妻子说，一切都不会改变。他做到了，生活还像以前一样，每次有新画展，他都会陪妻子来看。"

琳达有些不解："什么都看不到，怎么体会那些画呢？"

检票员十分肯定地说："他可以看见的！他的妻子会把一切都告诉他，他甚至比我们看到的还要多。他能在心里看到一切。"

就在这个时候，男子拿着他妻子的外衣从衣帽间走了出来。琳达满怀敬意地看着他们携手远去，并为刚才自己的想法感到一阵后悔。

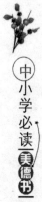

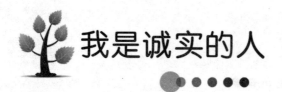

# 我是诚实的人

　　米西林的小店里每天都很多前来寄宿的人。苏菲的妈妈每周都会给寄宿在这里的人洗衣物,这样的话就可以获得五美元的报酬。某个星期六的晚上,苏菲和往常一样去米西林的小店里面替妈妈领工钱。

　　苏菲在马厩那里遇上了米西林,但米西林好像正在气头上,因为那些人寄宿的人总和他讨价还价。显然他正处于气头上。那些总和他讨价还价的马贩子激怒了他,令他火冒三丈。他手里的钱包打开了,被钞票塞得鼓鼓的。当苏菲向他要钱时,他没有像从前那样训斥她打扰了正在忙碌的他,而是立刻将一张钞票递给了她。

　　苏菲心中高兴极了,因为她这次逃过了一劫,于是她急忙走出马厩,准备快些回家向妈妈交差。到了大路上后,苏菲停下来,拿针将钱小心翼翼地别在围巾的褶皱里。这时,她看到米西林给了她两张钞票,而不是一张! 她往四周望了望,发现附近没有人看到她。她的第一反应,是为得到了这笔飞来横财而兴奋不已。

　　她心想:"这全是我的了,我要买一件新的斗篷送给妈妈,妈妈就能把她那件旧的给玛丽姐姐了;这样,明年冬天玛丽就能同我一块儿去上学了;说不定还可以给弟弟查理买双新鞋呢。"

　　可过了一会儿,她又开始觉得这一定是米西林拿错了钱给自己,这样的话自己就没权利使用那些钱了。正当她这样想时,来自他心里的诱惑的声音说道:"这是他给你的,你又怎么知道他不是想要把它作为礼物送给你呢? 拿去吧,他绝对不会知道的。就算是他弄错了,他那大钱包里有那么多张 5 元钞票。所以，他也不会注意的。"

苏菲一面做着思想斗争，一面往家赶。这一路她都在想一个问题，是诚实重要呢，还是钱重要。当她经过家门前那座小桥时，她想到了妈妈平时的教诲："你想要人家怎样对你，你就得怎样对人。"

苏菲猛地转过身，往回跑去。她跑得很快，快得让她差点连气都喘不过来了，仿佛是在逃离什么无形的危险。她还是选择跑回农场主米西林的店门口。

米西林注视着眼前这个小女孩，他从口袋里取出 1 先令递给了苏菲。

苏菲说："先生，不了，谢谢你。不能因为我做了一件应该做的事情就给我报酬。我只希望你不要把我看成是不诚实的孩子就好。对我来说，你的钱的确有很大的诱惑，要是你曾看到过自己最爱的人连寻常的生活用品都买不起的话，你就能知道我的感受了。"

不贪图小便宜，从小老师就教给我们这样一句话：爱占小便宜，不是好孩子。所以，我们应该时时告诫自己，不要贪图小便宜。小便宜不能贪，大便宜也不能贪。

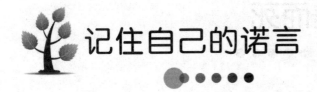

# 记住自己的诺言

1998 年 11 月 9 日，在美国的一个市发生了一件震惊世人的事情。一位小学的小学校长为了履行自己的诺言，在雪地里足足爬了 1.6 公里，历时 3 小时才赶到学校上班。他的行为在当时震惊很多人，路人们都为他骄傲，受到全校师生热烈欢迎。

原来，在这个学校刚开学的时候，校长洛克为鼓励全校师生，曾这样说："要是你们能在 11 月 9 日前读书 15 万页，我就在 9 日那天早上爬着来上班！"

于是,全校的人,不论老师还是学生,就连幼儿园的孩子都参加了活动。后来,这个伟大的计划终于在8号的那天完成了,于是就有人给校长打电话:"你爬不爬?你说话算不算数?"当然,也有人劝他:"你已经达到激励学生读书的目的了,不要爬了!"可洛克坚定地说:"一诺千金,我一定要爬着去上班!"

9号那天,洛克并没有早晨7点离开家门,所不同的是他没有开车,而是四脚着地爬行着去上班。为了安全和不影响交通,他不在公路上爬,而是在路边的草地上爬。过路的汽车向他鸣笛致敬,有的学生索性和校长一起爬,新闻单位也前来采访。经过3个小时的爬行,洛克磨破了5副手套,护膝也磨破了,但他终于爬到了学校,全校师生一起欢迎自己心爱的校长。

当洛克爬到学校的时候,所有学生都一起围上来抱他,吻他……

我们在生活当中许下的诺言,一定要兑现,否则别人就会看不起我们,认为我们言而无信。这对自己来说,是一种损失,一种人格的损失。

# 为守信而死

在古罗马的旁边有一个国家叫迦太基。然而罗马的大多数人却对迦太基人不太友好,两国间的各种矛盾最终引发了战争。很长一段时间里,两国军队都各占优势,势均力敌,很难分出高低。

当时,古罗马军队中有个骁勇善战的将军叫莱古勒斯。莱古勒斯除了骁勇外,还有一个被世人称赞的特点,就是言而有信。在罗马与迦太基的战争开始后不久,莱古勒斯成了战俘,被关在迦太基。他又病又孤独,时常想起远在海那边的妻儿,但与他们相见的希望微乎其微。莱古勒斯是个十分热爱自己家人的人，当时他认为一个除了热爱自己的家人外，还有一个崇高的职责就是效忠祖国，于是他就离开家人，参加了这场残酷的战争。

随着罗马军队不断改变战法，他们开始逐步占了上风。迦太基军队的首领害怕最终遭到失败，被罗马人欺负，于是就来找莱古勒斯谈话。"我们打算和罗马人民和好，"他说，"我们相信，如果你们的头领们了解战事的发展情况的话，会乐意和我们讲和的。要是你选择把我的话告诉他，我就可以把你放回家，让你回到你的祖国，和你的亲人相见。"

莱古勒斯问道："什么？"

迦太基人说道："你要做的第一件事情就是把你们输掉的那些战役告诉罗马人，而且你必须让他们懂得，这场战争并没有为他们赢得任何东西。你要做的第二件事情就是对我们发誓，要是你的国家不愿意讲和，那么你就必须回到这里来，继续坐牢。"

莱古勒斯说："很好，我向你们发誓，如果他们不同意讲和，我就回来继续坐牢。"

就这样，迦太基人和莱古勒斯达成了协议。迦太基人把莱古勒斯放了出来，因为他们清楚一个伟大的罗马人不会背信弃义。回到自己的国家后，莱古勒斯收到了罗马人民的热情招呼。他的妻子更是兴奋不已，因为她认为再也不会和自己的丈夫分开了。那些为罗马制定法律的元老院议员来见他，向他询问战争的情况。

莱古勒斯向元老院的人说道："迦太基人把我放回来，请求你们与迦太基讲和。但是讲和是不明智的做法。虽然我们在几场战役中失败了，但我们的军队每天都在攻城拔寨。迦太基人很害怕。再坚持一段时间，迦太基就会是你们的了。至于我，是回来和自己的家人以及自己的祖国告别的。明天我就会启程赶往迦太基，继续回去那里坐牢，因为我们来之前我发过誓，一定会履行我的诺言。"那些白发的元老院议员开始劝他留下来。"让我们派另一个人代替你。"他们说道。"一个罗马人能说话不算数吗？"莱古勒斯说道，"我已经身染重病，活不了多长时间了。我要履行自己的诺言，返回迦太基。"听了这些，他的妻子和孩子开始哭起来，他的几个儿子也恳求莱古勒斯不要离开。

莱古勒斯说道:"我已经发过誓,我必须遵守诺言。"莱古勒斯和他们告别后,毅然返回迦太基的监狱,走向他所预料的死亡。

在莱古勒斯身上,我们看到了伟大和崇高的人格,看到了一个诚信的楷模。罗马之所以取得成功,很大一个原因也就是这种高贵的精神在激励着他们。

# 人以诚立

一个人要想与外界友好相处,就必须信守诺言。虽然那些受人欢迎的身上有着很多别人没有的优点,但他不论怎样他们身上都有着一个共同的特点,那就是守信、遵约。

东汉时期,东汉时,汝南郡的张劭和山阳郡的范式同在京城洛阳读书,学业结束,他们分别的时候,张劭站在路口,看着远去的大雁说道:"今日一别,不知何年才能见面……"说着,流下泪来。范式拉着张劭的手,劝解道:"兄弟,不要伤悲。再等两年,两年后的秋天我一定去家里拜访你,同你相聚。"

落叶萧萧,两年后的秋天。张劭突然听见天空一声雁叫,牵动了情思,不由得自言自语地说:"他快来了。"说完赶紧回到屋里,对母亲说:"母亲,刚才我听见天空雁叫,范式快来了,我们准备准备吧!""傻孩子,山阳郡离这里一千多里路,范式怎么会来呢?"他母亲不相信,摇头叹息:"一千多里路啊!"张劭说:"范式为人正直、诚恳,极守信用,不会不来。"老母亲说:"好,好,我也相信他一定会来的。我会给你们准备好酒菜的,等他来了你们好好聊聊。"其实,老人根本就不相信,他只是不想伤害自己的儿子,怕自己的儿子伤心。

没想到,就在秋高气爽的一天,范式果然赶来赴约了。旧友重逢,两人十分亲热。老母亲在一旁激动得流下了眼泪,还感叹地说道:"天下真有这么讲信用的朋友!"范式重信守诺的故事一直为后人传为佳话。

信守诺言是我们中华民族的伟大传统,从古到今,我们中国人都十分注重信用和信义。清代的顾炎武曾做过这样一首诗歌来言志:"生来一诺比黄金,哪肯风尘负此心。"诗中,他表达了自己为人处世的态度,那就是坚守自己的诺言。中国人历来把守信作为为人处世、齐家治国的基本品质,言必行,行必果。

人以诚立,讲信用守信义是一个人为人处世之道。讲信用,既是一种高尚的品质,又是对自己负责,对别人负责的体现。我们小孩子,应该从小就有讲信用,守信义的意识。这样,等给我们长大了才能更好地融入社会,才能把更多的朋友留在身边!

# 做人要诚实

一天,一个叫林肯的 10 岁小男孩正在和一群小伙伴在空地上踢球。期间,由于林肯不小心,一脚把球踢飞了。结果,林肯踢出去的球把停在不远处的一辆汽车的挡风玻璃砸坏了。

一起玩的小朋友们见闯了祸,各个掉头就往家里跑。最后,只有林肯一人独自留了下来,因为他决定亲自登门承认错误。刚搬来该市居住的基尔原谅了林肯,但仍将此事告知了林肯的父母。当晚,林肯向父亲表示,他愿意用替人送报纸储蓄起来的钱,赔偿基尔的损失。

第二天一大早,林肯在父亲的陪同下,再度登门拜访基尔,说明来意。基尔笑道:"好吧,你如此诚实,而且有十分愿意承担犯了错误所造成的后果。因

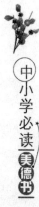

此,我不仅不需要你的赔偿,你还要准备把这辆汽车奖赏给你,反正这辆汽车我也不打算要了。"

由于林肯的年纪还小,不能开车,所以这辆汽车暂时由其父代为保管。不过他已找人修理好车窗,经常给车子洗尘打蜡,好像是宝贝一样。他倚着那辆1978年出厂的福特"野马"名车说:"我恨不得快快长大,好驾驶这辆车。我至今仍然不敢相信它是我的。"

诚实守信是我们中华民族的美德,只要你坚持诚实,坚持守信,终有一天你会获得回报。我们中小学生应该从小事做起,在生活当中做个诚实守信的人,这样我们以后的生活才会幸福,我们的人格才会健全。

# 假秀才招打

有一个非常有钱的大户人家,他们生了一个儿子。由于他们的儿子从小不学无术,所以根本就不认识几个字。可事情怪了,这个儿子虽然不识几个字,但还就偏偏喜欢文人雅士,所以也常常装。

一次,有个大家公子为了要回自己的债务,就一张状子把他告到了衙门。他心想,要是县官看到自己是个知书达理的人,一定会选择站在我这边。这样一来,打赢官司的机会就大多了。

见到县官后,他就谎称自己是秀才。县官见他跪在地上,仔仔细细地打量了好久,心中疑云顿生。县官想:这个人獐头鼠目,形象猥琐,言语也粗俗得很,哪里像个秀才?接着又转念一想:人家都说"人不可貌相,海水不可斗量"。于是他就想:我还是来考他一考吧,看他是否货真价实。

主意打定,县官便开口问他说:"既然你是秀才,那你且先说说'桓公杀子纠'这一章应该怎么讲?"这个人哪里知道县官是在考他《论语》里的句子呢,一听这话,大惊失色,浑身吓得直抖,心想:完了,出了人命案子了,老爷怎么偏偏问我呢? 难道是怀疑我跟这桩命案有什么牵连吗? 于是他磕头如捣蒜,连声大叫道:"青天大老爷,我冤枉啊,小人确实不知道其中的实情啊,请老爷明察!"县官听了,又好气又好笑,低声自语道:"果然是个冒牌货,竟敢骗到我的头上来了!"接着就命令手下的衙役把这人按倒在地,重打20大板,直打得他皮开肉绽,哭爹叫娘。

这人一瘸一拐地出了衙门,对他的仆人说:"这位县官太不讲理了,硬说我阿公打死了翁小九,把我打了20大板。"仆人得知发生了什么后,对他说:"这是书上的话呀,你就答应他好了,你说略知一二不就能应付了吗?"这人一听,赶紧拼命摇头说:"哎呀呀,你可别再害我了,我连叫不知情还被他打了20大板,如果说知道,那岂不是要抓我去偿命吗?"

是什么就是什么,要实事求是,不要假充内行到处招摇撞骗的人。否则,哪一天到了真正的场合后露馅丢人。做个诚实的人,做个诚实的学生,该是什么就是什么,不要欺骗自己的老师,也不要欺骗自己的父母,也不要欺骗自己的同学。

# 诺言的价值

吉米是玛克林最要好的朋友,他们俩从小一起长大,所以一直保持着密切的来往。吉米经常给玛克林推荐书,或者为玛克林做一些玛克林要他做的事。玛克林经常对吉米呼来唤去的,但吉米从来没有埋怨过。

玛克林在吉米面前向来都很随便,而吉米呢,经常说玛克林虽然穿着大人的衣服,但其实就是一个小孩。一年吉米家搬新家,于是在新年的时候他就邀

玛克林到他家看一看。

玛克林答应了，可新年那天轮到玛克林在学校里值班，上午玛克林给他打了一个电话，他听说玛克林值班，就问玛克林还能不能去，玛克林说下午过去。

可当玛克林下班后，准备离开学校的时候，有个同事见刚好下班，就说和玛克林说，自己想和他打一会儿网球吧！

一开始玛克林坚持说自己有事，可经同事那么一说，有些禁不住诱惑，手痒了起来。于是，玛克林就和那个同事玩了起来。这一玩把时间给忘了，等玛克林从学校里出来，天都快黑了，他只好回家了。

虽然事后玛克林总想找个机会对朋友解释一下，可不知怎么时间一拖就拖了很久，最终导致玛克林都不再想提及此事。他心想，反正也不是外人，何必那么多礼节呢，后来竟渐渐地给忘了。

玛克林再次想起朋友的时候，是有事要求于他。电话里，朋友对玛克林很冷淡，玛克林问他怎么了，他说："问你自己。"

玛克林试探着提起新年里的那件事，他说："你已经无可救药了，有那样轻率待人的吗？"

吉米很生气，他气愤地告诉玛克林，为了等他的到来，他和妻子推掉了全部的安排，只是为了玛克林的到来，从早晨到晚上竖着耳朵听每一阵上楼的声音，可最终玛克林也没有去，之后连一个电话都没有。

他说得玛克林脸上一阵阵发热，玛克林解释说他从来没有把他当过外人，因为玛克林以为他们的距离很近，就在这件事上随便了。但他说玛克林是一个言而无信的人。

为了让玛克林知道"诺言"这个很平常的词，他决定不再理玛克林。因为失去吉米这个朋友，玛克林明白了这个道理，明白了诺言的重要性。

事关原则的事情，哪怕再亲近的人我们也不可随便。诺言一旦说出，就重于泰山，要是没有紧急的情况，都不可以违背诺言。否则，我们很可能会因为失信而损失人生当中重要的东西。只有我们对朋友坚守诺言，才能得到朋友的真心，才能获得更多的朋友。

# 责任——人生路上的坐标

# 无论何时都对自己负责

　　纽约有一所穷人学校——圣·贝纳特学院。圣·贝纳特学院是一所在美国经济大萧条时期创办的学校。1983年,捷克籍教授普热罗夫法学博士在做毕业论文时发现,自该学校创办50年以来,该校出来的学生犯罪记录是最低的。

　　为了延长自己在美国的居住期限,他灵光一现,决定写信给纽约市长布隆伯格,希望得到一笔基金,以便进一步对他发现的那个问题展开研究。当时,布隆伯格正因纽约犯罪率居高不下而受到市民的责备。为了自己的仕途,他批准了教授的申请,给他提供了15万美元的经费。

　　普热罗夫教授得到这笔钱后,迅速展开了自己的调查活动。

　　从80岁的老人到7岁的学童,从保洁人员到在校老师,凡是在该校学习和工作过的人,他都给对方寄去一份调查表,问:圣·贝纳特学院教会你什么?

　　前后六年时间,他一共收到3700多份答卷。在收回来的这些答卷中,有74%的人回答——教会了他们一支铅笔有多少种用途。

　　原本,普热罗夫的目的是想借调查的名义继续留在美国,并不是真的想搞清楚这些没有进过监狱的人到底在该校学了些什么。然而,当他看到这些答案的时候,他再也顾不了那么多,而是决心研究到底,哪怕报告出来后被立即赶回捷克。

　　为了自己的研究,他走访了纽约最大的一家皮货商店。老板告诉他:"没错,贝纳特确实教会了我们一支铅笔有多少种用途。入学后的第一篇作文就是这个。一开始,我们很多人都认为铅笔唯一的功能就是写字。后来,我们才知道铅笔不仅能用来写字,必要时还能用来做尺子画线;还能作为礼品送人表示友爱;能当商品出售获得利润;铅笔的芯磨成粉后可作润滑粉;演出时候还能用它化妆;削下的木屑可以做成装饰画;把一支铅笔按一定比例分为若干份后,可以做成一副象棋,可以当玩具车的轮子;要是在野外,还能把铅笔芯抽掉,把铅笔当作吸管喝石缝中的水;遇到不法分子时,还能用它作为武器……总之,那个学校告诉我们很多铅笔的用法。贝纳特的教师让我们这些穷人的孩子懂得,有着眼睛、鼻子、耳朵、大脑和手脚的人,凭借任何一种用途都可以让我们生存下去。我之前是一个电车司机,后来失去了工作,我现在是一位皮货商。很大程度上,我就是那只铅笔。"

普热罗夫后来一一拜访了很多从圣·贝纳特学院毕业的学生,发现他们都很乐观,不论贵贱,他们都十分热爱自己的职业。

调查结束后,普热罗夫再也按捺不住心中的兴奋,他毅然放弃了在美国寻找律师工作的想法,匆匆回国创办自己的事业。很多年后,他成为了捷克最大网络公司的总裁。

我们的眼睛、鼻子、耳朵,大脑和手脚等等都有着无数种用途,很多时候不论遇到什么困难,他们身上的某一种作用都足以让我们战胜困难。

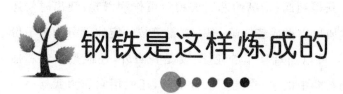

# 钢铁是这样炼成的

想必你听过《钢铁是怎样炼成的》这本书,但你读过吗?

书里面有一个叫保尔·柯察金的英雄。当我们在学习和生活当中遇到困难的时候,我们就应该多想想保尔,这样我们就会有无穷的力量。这也正是那么多人喜欢这本书的原因。

写这本书的人是一个双目失明,全身除了两只手哪都不能动,整天只能躺着的人。而这个人就是伟大的苏联红军战士——尼古拉·奥斯特洛夫斯基。也许你会觉得惊讶,一个双目失明,几乎全身瘫痪的人怎么写书? 但事实是他真的写了,而且还写得非常好。

1904 年 9 月 29 日,奥斯特洛夫斯基出生在乌克兰的维里西亚村。当时,正是沙皇统治时代。奥斯特洛夫斯基的父母虽然整天工作,但一家老小仍是吃不饱。他九岁就当了牧童,11 岁在车站食堂里当小伙计。1917 年革命爆发时,奥斯特洛夫斯基在一家铁路工厂做工,这个时期他开始接触大量的革命道理。1919 年秋天,白匪军侵犯乌克兰,当时只有 15 岁的奥斯特洛夫斯基,毅然参加了红军。他在战场上英勇作战,因此得到过很多表彰。不幸的是,在 1920 这一年,他在一次战斗中受了重伤。在医院修养了两个月后,他复员回来了。

出院后,他虽然不能继续打仗,但他参加了和平建设事业,依旧全心全意地为人民服务。他在当时极端困难的条件下,和同志们一起在冰天雪地里修铁路,到冰冷刺骨的河水里去抢救木材。但不幸再一次找上了他,疾病拖倒了他,他再不能工作了。

由于他受伤过重和忘我地工作，再加上接连生了伤寒和风湿病，他的健康简直糟糕到了极点。当时，党和国家想尽一切办法为他治病，同时他自己也向疾病作了顽强的斗争，但他的健康状况还是一天不如一天。到了1926年，他已经完全失去了自理能力，长期卧病在床。

尽管他之前为国家做出了贡献，但他还是不愿意依赖国家的供养，专为"吃饭和呼吸"而生活在世界上。他说："我要一直工作到心脏停止跳动时为止。"

疾病夺走了他的自理能力，夺走了他的光明，但他认为自己还有健康的大脑和两只手，还可以去运用新的武器——写作。

对奥斯特洛夫斯基来说，写作面临着巨大的困难啊，眼睛看不见，而且只有小学文化。

为了充实自己的内在精神，他凭着坚强的意志读完了共产主义函授大学，还设法认识了一位图书馆的同志，天天请他送来大批马克思列宁主义的书籍和历史、文学等方面的书。别人每给他送一次书，都有好几十本，他的妻子拉亚总认为送得太多了。但奥斯特洛夫斯基不这样认为，只要看到书，就拼命读起来，人们看到他这个样子，都叫他是"发狂的读者"。

1930年，他的视觉能力完丧失了，仅有胳膊除了肘部以下部分还能勉强活动外，全身都不能动弹了。经过三年的准备，他在1933年终于下定决定写一本名字叫《钢铁是怎样炼成的》的书。

对于奥斯特洛夫斯基来说，每写一个字都十分艰辛。每活动一次，关节就疼一次，但是，他还是忍受着，不断地写着。因为看不见，摸索着写出来的字，简直没法认：不但字写得歪歪倒倒，而且字上叠字。后来，他想到一个办法，就是用厚板纸刻出一行行空格，他沿着空格写，这样写不出来的字就不再会重叠。为了尽快完成，他常常写起来就不分白天黑夜。

有时，他为了抗拒疼痛，甚至把嘴唇都咬出了血。尽管如此，他的写作一天都没停止过。他写完六章后，他的邻居女共青团员利亚·阿利克谢娃读后十分感动。于是，就自愿来做他的记录员。为了节省时间，使记录速度快一些,奥斯特洛夫斯基把每一段、每一个细节,甚至标点符号,都想得好好的。而且把文字也琢磨得很美。这样一来,写书的速度就大大加快了。

经过两年的不断努力,1936 年 6 月,他写完了作品的最后一部分。

奥斯特洛夫斯基写书的经历告诉我们,在一个钢铁战士面前,没有不能克服的苦难。同时,这个钢铁战士正是因为这些困难得到了磨练,在这个过程当中成长。

人的一生,最宝贵的是生命。每个人的生命都只有一次。人的一生应该这样度过:回忆往事,不会因虚度年华而悔恨,也不会因为碌碌无为而羞耻;这亲,在临死的时候,他能够说,我的整个生命和全部精力,都已经献给世界上最壮丽的事业——为人类的解放而斗争。

# 责任感是成功的标杆

在非洲大草原上,生活着很多野象,它们成群结队地在沙漠上奔波和生活。有一个现象让很多人费解,它们经常成群成群地穿过沼泽地,但奇怪的是它们的躯体那么庞大可却很少陷进沼泽。人们一直很奇怪,沼泽是狼和斑马等许多动物的葬身之地,为什么大象这样的庞然大物竟能逃脱呢?

人们经过多次的探究,终于发现了其中的秘密,原来大象经过这些可怕的沼泽地时,它们有自己的"路标"。

而这些路标,就是沼泽地上的小树丛。每次大象群穿过沼泽时,它们都会沿着这些树丛走,并且每经过一棵树,大象就用有力的鼻子将树丛一边的树枝和叶子一点点折断和摘掉。每一群大象经过的时候都会这样做,时间一长,危险的沼泽地上都是这样:有一行横穿沼泽的树丛,它们常常是一边枝叶茂盛,一边光秃秃的。大象只要沿着树丛走,就能避开很多危险的泥潭。

　　更叫人惊叹的是,每一群大象经过这片沼泽地,穿过这些小树丛时,它们都会小心翼翼地这么做。绝没有一群大象因为自己行色匆匆或只是偶尔经过就放弃维持路标的义务。

　　之所以这么做,是因为大象有着强烈的责任感,会严格遵守团队规则,从而使整个象群有安全保障。可以说,责任感不仅仅关系到象群的安全,也关系到我们自己的自身利益。所以,培养自己的责任感是很有必要的。

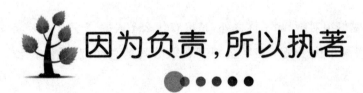

# 因为负责,所以执著

　　2000年的时候,世界经济论坛大会在我国上海召开。作为美孚石油公司代表的他,在一个记者招待会上讲述了自己传奇的一生。

　　一次,美孚石油公司前董事长贝里奇到开普顿巡视工作。在卫生间里,他看到一位黑人小伙正在擦地上的水渍。奇怪的是,每擦一下,他就虔诚地叩一下头。贝利奇十分不解,问他为何如此,黑人告诉他说是在感谢一个圣人。

　　贝利奇很为自己的拥有这样的员工而高兴,便接着问他为何要感谢这位圣人。黑人告诉他,因为是那个圣人帮助他找到了这份工作,让他有饭吃。

　　贝利奇听后笑了笑,然后说:"我曾经也遇到过一个圣人,是他使我成为了董事长。你愿意见一下他吗?"

　　黑人说:"我自小就是一个孤儿,是锡克教会把我养大。我想报答养育我的人。假如你说的那个圣人能使我吃饱后还有余钱,我就愿去拜访。"

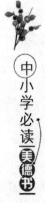

中小学必读 美德书

贝利奇说："你应该知道，南非有一座很高的山叫大温特胡克山。根据我的了解，上面住着一位圣人，他能帮人指点迷津，凡能遇到他的人都会前程似锦。20年前，我到南非登山，正好在那座山上遇上他，并得到他的指点。要是你愿意去拜访他，我愿意向你的经理说情，给你一个月的假期。"

这个小伙是一个虔诚的锡克教徒，所有很相信神的帮助。他谢过贝利奇就上路了。30天的时间里，他一路披荆斩棘，风餐露宿，过草地，穿森林，历尽艰辛，终于登上了白雪覆盖的大温特胡克山。然而，他在山顶徘徊整整一天，除了自己，什么都没有。

小伙子很失望，回来后见到董事长的第一句话就是："董事长，我一路处处留心，千辛万苦，但是我当我爬到你说的那个山的山顶后，却什么都没有，除了我自己。"

贝利奇说："你说得很对啊，除了你之外，是没有什么圣人的。"

20年后，这个黑人小伙子做了美孚公司开普敦公司的总经理，而他的名字就叫贾讷。

2000年，世界经济论坛大会在上海召开的时候，他作为美孚公司代表参加了大会。在记者招待会快要结束的时候，他说了这么一句话："你发现自己的那一天，就是你遇到圣人的时候。"

自己被自己感动是一种心灵的生活，自己战胜了自己是一种成功。想要在学习和生活当中获得好成绩，就要具备良好的心理素质和坚强的毅力，以及不屈不挠的精神，更重要的是要战胜自己，超越自己。

# 你的责任是找回自己

一次，一只四处漂泊的老鼠终于在佛塔顶上安了家。在这里，它过着幸福的日子。它既可以在房子里面随意穿梭，又可享受人们朝贡的各种供品。甚至，它还享受着别人所无法想象的特权，那些不为人知的秘笈，它可以随意咀嚼；人人都不敢正视的佛像，它可以随意在上面玩耍，甚至还可以在佛像头上留些排泄物。

每次善男信女们烧香叩头时，老鼠就看着令人陶醉的烟气慢慢升起，然后猛抽鼻子，心中暗笑："一群可笑的人类，膝盖竟然这样软，动不动就跪！"

一天，一只饿极了的野猫跑了进来，一把抓住了老鼠。

老鼠说道："你不能吃我，我代表着佛！你应该向我下跪！"

野猫讥讽道："人们在你面前下跪，是因为你所占的位置，不是因为你本人！"说完，就把这只老鼠活剥了。

现实生活中，我们也会常常忘了自己是谁。一回到家，就是家中的主角，公子抑或少爷。风筝可以在天空当中越飞越高，是因为它知道自己不是鸟。而我们，要实现自己的理想，首先要做的就是找回自己，认识自己。

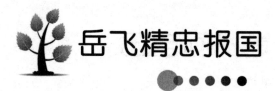

# 岳飞精忠报国

人人都知道,岳飞是历史上著名的抗金英雄。北宋末年,岳飞出生在一个贫苦农民家庭里。岳飞从幼年开始,就跟着母亲读书写字。岳飞读书很用功,最喜欢研读《孙子兵法》。为了报效祖国,他练就了一身好武艺。

岳飞二十多岁的时候,北方金国大举南侵,很快攻破北宋京城,俘虏了大宋皇帝和很多大臣。为了保卫国家,驱逐金兵,岳飞毅然参加了抗金的队伍。临行前,岳飞母亲在他背上用针刺了"精忠报国"四个大字。母亲的殷切期望,岳飞一天也没有忘记。打仗时,岳飞十分英勇,屡立战功。很快,岳飞就成为了年轻有为的青年将领。

岳飞在心里立志雪国耻,一定要打败金军,收复河山。在驻地,他每天都带领士兵们认真操练,严格训练。岳飞军纪严明,号召全军:"冻死不拆屋,饿死不掳掠。"从不扰害百姓。岳家军每到一处,就受到一处百姓的欢迎。岳家军常常大败金兵,金兵一听到"岳家军"就心惊胆战。当时,在军中流传着这样一句话:"撼山易,撼岳家军难!"在金国残暴统治下的北方人民,十分希望岳家军早日来解救他们。然而,偏安江南的宋高宗是一个没有骨气的人。宰相秦桧更是一个投降派,一味地向金国妥协求和。岳飞多次提出发兵收复被金兵侵占的河山,都被回绝了。

后来,金兀术又带兵大举侵犯南方。高宗害怕自己的帝位不保,才勉强同意岳家军和金兵作战。岳飞为了粉碎秦桧一伙的投降阴谋,立即统帅"岳家军"向北方进军。"岳家军"声势浩大,每到一处都受到老百姓的积极响应。

"岳家军"收复大片失地，一直打到河南郾城。

金军一路败退，输得手忙脚乱。为了扭转局面，金兀术出动主力，包围郾城，企图彻底歼灭岳家军。面对兵力比自己强几倍的敌人，"岳家军"严阵以待。岳飞在阵前察看了形势，早已胸有成竹。听到一声炮响后，岳家军的步兵和骑兵一齐杀出。只见步兵手拿大刀，低着头，专砍敌军的马腿。骑兵专门对付骑在马上的金兵。他们先用长枪挑去金兵的头盔，再用大斧砍掉金兵的脑袋。马上马下，配合十分紧密。经过一番激战，金军被打得落花流水。

原本气势威严的金军现在已经全线崩溃，金兀术吓得丢魂失魄，脱去白袍，混杂在败兵里，落荒而逃。

岳家军一路乘胜追击，一直打到朱仙镇。朱仙镇老百姓是欢天喜地，自发给岳家军送粮草。这时候的岳家军一面准备北伐，一面向宋高宗上奏章，请求各路大军一齐出动，收复全部失地。岳飞把将士们集中在广场上，然后兴奋地对大家说："我们要渡过黄河，端了敌人老巢。到那个时候，我们就可以痛痛快快喝上一顿美酒了。"

然而，就在这个让所有人都兴奋的时刻，皇帝的圣旨到了，要求岳飞立即退兵！岳飞几乎不相信自己的眼睛，天下还有比这更叫人气愤的事情吗？收复河山的大好机会，怎么能随便放弃呢！就在岳飞犹豫的时候，朝廷又接连下了退兵的圣旨，一道接着一道地来了，一共下了 12 道金牌。

原来，宋高宗和秦桧要求岳飞退兵是因为怕岳飞阻碍他们的投降计划，更害怕岳家军壮大后威胁到他们的统治。因此，就在岳飞即将胜利的时候，下令退兵。

岳飞回去后，秦桧诬陷岳飞造反，把他逮捕起来，最终以"莫须有"的罪名将岳飞处死在风波亭。岳飞被害的时候，只有 39 岁。

岳飞一生英勇抗敌，保卫祖国的英雄事迹，一直受到后世的歌颂。为纪念岳飞，人们在杭州西子湖畔建起了岳王坟和岳王庙。而对于秦桧这样的卖国贼，人们就用白铁铸了他的像，让他永远跪在岳飞的墓前！

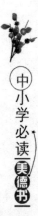

# 被人相信是一种幸福

　　大西洋上，一艘货轮正在行驶。不幸的是，一个在船尾搞勤杂的黑人小孩掉进了海中。尽管他用尽力气喊救命，但是也没有人听见，他只能眼睁睁地看着货轮托着浪花越走越远……

　　求生的本能使孩子在冷冰的水里拼命地游，他用全身的力气挥动着瘦小的双臂，努力使头伸出水面，睁大眼睛盯着轮船远去的方向。

　　船越来越远，在视线当中越来越小。到后来，什么都看不见了，只剩下一望无际的汪洋。孩子的力气也快用完了，实在游不动了，他觉得自己要沉下去了。他在心里对自己说："放弃吧！"但也就是在说话的这一瞬间，孩子想起了老船长慈祥的脸和友善的眼神。不，只要船长知道我掉进了海里，就一定会回来救我的！想到这里，孩子鼓足勇气用生命最后的力量又朝前游去……

　　孩子说的没错，船长果然发现他失踪了。当船长派人在船上找遍了都看不到孩子时，他断定孩子掉进了海里，于是下令返航，回去找。这时，有人规劝："这么长时间了，就是没有被淹死，也让鲨鱼吃了……"船长犹豫了一下，但还是决定返航回去找孩子。又有人说："为一个黑奴孩子，值得吗？"船长大喝一声："住嘴！"

　　于是，货船返航了。就在孩子要沉下去的最后一刻，船长赶到救起了孩子。

　　黑人孩子醒来后的第一件事就是跪在地上感谢船长的救命之恩时。船长扶起孩子，问道："孩子，你如何能坚持这么长时间？"

　　黑人孩子回答道："因为我知道你一定会来救我！"

船长有些奇怪："你怎么知道我一定会来救你？"

黑人孩子说道："因为我知道您是那样的人！"

听到这里，船长突然泪流满面："孩子，不是我救了你，而是你救了我啊！我为我在那一刻的犹豫而耻辱……"

被他人信任是一种幸福，也是一种责任。

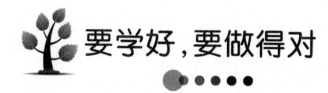

# 要学好，要做得对

莱德觉得世界上最了不起的人就是自己的妈妈。莱德一岁那年，他的爸爸就因心脏病去世，此后他就和自己 5 岁大的哥哥一起跟着妈妈过。她虽无一技之长，又没有受过教育，却毅然负起抚育莱德和他哥哥的责任。

九岁那年，莱德找到了一份工作，在街上卖《杰克吉姆逊·维尔日报》。他需要那份工作是因为他们需要钱，虽然钱不多，但对于他们一家来说十分重要。莱德害怕，因为他要到闹市区去取报卖报，然后在天黑时坐公共汽车回家。他在第一天下午卖完报后回家时，就对自己的妈妈说，再不去卖报纸了。

妈妈问道："为什么？"

莱德接着说道："你不会让我去的，那儿的人粗手粗口非常不好。你不会让我在那种鬼地方卖报的。"

妈妈说道："人家粗手粗口，是人家的事。你卖报，可以不跟他们学，我不要你粗手粗口。"

她没吩咐莱德该回去卖报，可是第二天下午，他照样去了。一天晚上，莱德被圣吉姆河上吹来的寒风冻得要死。后来，一位衣着光鲜的女士递给他了 5

美元,说道:"我想这应该能买下你手里面的报纸了,快回家吧,你在这外面会冻死的。"结果,莱德做了他知道妈妈也会做的事。他拒绝了那位女士的好心,坚持站在寒风中卖报纸。随着莱德一天天长大,他每次出门前妈妈都会告诉他:"要学好,要做得对。"人生可能遇到的事,几乎全用得上这句话。

最重要的是,她教会莱德一定要苦干。她会说:"要是牛陷在沟里,你非得拉它出来不可。"

遇到困难的时候,不要总希望别人来帮你。真正能解救你的只有你的苦干,以及努力的决心。

# 幸福要靠自己去争取

乔治 12 岁那年,他的父亲因病离开了人世。他的父亲死前,把他托付给了自己的朋友汉顿先生。

汉顿先生说道:"乔治,你父亲留了件东西给你!"

乔治问道:"是什么?"

汉顿先生从怀里拿出了一封信。乔治打开信封后,看到信中这样写到:"亲爱的乔治,这是封谁都不愿意写的信,但还是十分庆幸我还能告诉你多少次我都忘了说的话,亲爱的儿子,我爱你!

你虽然有一个富裕的家庭,但我不喜欢富裕给你带来的是懒惰。要是没有了钱,你就只有懒惰。为了你能有一个很好的未来,我送你去了学校,希望你可以受到良好的教育,这样做,对于你的一生都会有很重要的影响。让你知道自己的一生应该如何度过,自己应该成为一个什么样的人。但是我发现你还没有懂得接受教育对你的意义。

原谅你的父亲对你缺少关怀,原谅我一直忙于生意。我这样做只是希望可以让你的生活更好,让你不必为了生活而四处奔波,可以不用面对风吹雨打。

但事实是,每个人都必须依靠自己。我亲爱的乔治,你的妈妈很早就离开了,爸爸也不可能永远照顾你,所以你必须学会独立面对自己的人生。懒惰是非常可怕的东西,我希望你可以远离它。与勤奋为友,你的生活会过得充实而有意义。汉顿先生是一个值得信赖的朋友,他会为你提供尽可能的帮助。

还有很多的话想对你说,但是我要离开了!相信我亲爱的乔治可以勇敢真诚地面对自己,面对生活。爸爸永远在你身边,注视着你!"

看完信后,乔治的眼睛湿了,因为整天忙碌的父亲其实一直在关心着自己。乔治对自己说:"也许真的要好好检讨一下自己的行为了,不能让在天堂的父亲再失望。"

每个人的路都只能靠自己走,就算是至亲至爱的人也不能陪伴我们一生。所以,我们不能把希望寄托在别人身上,也不要过分地依赖父母和家庭。这样,我们的人生才会更加充实有意义。

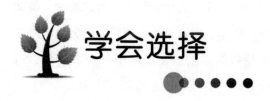

# 学会选择

他今年 11 岁,只要一到附近位于新汉普郡湖心岛上的度假小屋,他就一定会找寻机会去钓鱼。钓鲈鱼季开放的前一天黄昏,他随父亲到湖边用小虫捕钓翻车鱼和河鱼。他绑上银色的鱼饵,开始练习抛鱼线。映着夕阳余晖,鱼钩投在水里,引起一圈圈彩色的涟漪。待月亮升上湖面后,投饵的涟漪转变成

银白色。

他的鱼竿突然变重了,他知道一定钓到了大鱼。父亲用赞赏的目光,看着男孩巧妙地将鱼拖到码头边。最终,他满心喜悦地将那只筋疲力尽的鱼拉出了水面。这是他钓过的最大的鱼,但却是一条鲈鱼。

男孩和自己的父亲后都望着这条鱼,鱼儿在月光里上下鼓动着鱼鳃。父亲点根火柴看看手表,才晚上10点——离钓鲈鱼季开放的时间还差两小时。他望望鱼,然后又看看男孩。

他说:"儿子,你得把它放回去。"

男孩叫道:"爸!"

父亲说:"还有其他鱼吗!"

男孩说:"可是都没有这条大呀!"

他望望四周,月光下的湖面并没有其他的钓鱼人或船只,他又用乞求的眼光看着父亲。

既然没有别人在,那就意味着没人知道这鱼是什么时候钓上来的。但男孩从他父亲坚定的语调中懂得,父亲决定的事不容妥协。他慢慢地从大鱼的嘴里取回鱼钩,然后将鱼放回了湖中。那鱼有力地扭动了两下身躯,不一会儿便消失了踪影。男孩心想,他恐怕再也见不到这么大的鱼了。

这已经34年前的事了,曾经的那个男孩现在已经成为了一名建筑师。他父亲的度假小屋仍在那座湖心的小岛上。他也会带着子女在相同的码头钓鱼。

他想得没错,他从未再钓到过和他很久以前放走的那条一样大的鱼。每次在面临道义的岔路口时,他就会看见自己曾经钓到过的那条大鱼。

就像他父亲和他说那样,很多时候道德是很简单的问题,只有在实践道德时才觉得困难。没有别人监督或没有别人在时,你一样能做正确的事情吗?

如果在我们小的时候,便有人教我们将那鱼放回去,现在我们就会做出正确的选择,因为我们已学到了真理。我们应该学会选择,学会正确地选择。虽然这将很难做到,这是从生活中一点一滴地积累起来的,我们要学会变,变得聪明一点,才有利于我们的生活啊!

# 精卫填海

夏以前,国家的形式还没有正式形成。那时候的帝王,远不如后来的帝王那么阔气,享有许多特权,而是纯粹的人民公仆,只有尽义务的份儿。帝王的子女也没有什么太子、公主之类的特殊称呼,身份也不尊贵,和老百姓的子女一样。

炎帝有个女儿,名叫精卫,性格开朗活泼,喜欢打抱不平。一天,她走出小村,找小朋友玩耍,看到一个大孩子把小孩子当马骑。小孩子都累趴下了,大孩子还不肯罢休。精卫走过去,指着大孩子的脑门怒斥道:"你这个人太不知羞耻,欺负小孩子算什么本事,有力气,去打虎打熊,人们才会说你是英雄。"

大孩子见精卫是个小姑娘,生得单薄文弱,根本不把她放在眼里。他从小孩子背上跳下来,走到精卫面前说:"我是海龙王的儿子,你是什么人?竟敢来管我!"

精卫说:"龙王的儿子有什么了不起,我还是炎帝的女儿呢,以后你少到陆地上撒野,小心我把你挂到树上晒干。"

龙王的儿子说:"我先让你知道知道我的厉害,往后少管小爷的闲事。"说着动手就打。精卫从小跟着父亲上山打猎,手脚十分灵活,力气也不小,见对方蛮横无理,并不示弱,闪身躲开对方的拳头,飞起一腿,将龙王的儿子踢个嘴啃泥。

龙王的儿子站起来,不肯服输,挥拳又打,被精卫当胸一拳,打个仰面朝天。龙王的儿子打不过精卫,只好灰溜溜地返回大海。

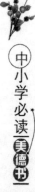

过些天，精卫到海中游泳，正玩得开心，刚巧让龙王的儿子发现了。他游过来，对精卫说："那天在陆地上让你捡了便宜，今天你跑到我家门前，赶快认个错，不然我兴风作浪淹死你。"

精卫倔强地说："我没错，认什么错。"龙王的儿子见精卫倔强，根本没有服输的意思，立即搅动海水，掀起狂风恶浪，精卫来不及挣扎，就被淹死了。

精卫死后，变成一只红爪白嘴的小鸟，立志要把大海填平。她用嘴衔来石头与树枝投向大海，并发出"精卫，精卫"的叫声，像是在激励自己。她年年月月，永不停歇。

# 不喜欢的人

一天上课时，老师给每人发了一张纸条，要求全班同学以最快的速度，写出他们所不喜欢的人的姓名。

有些同学在30秒之内，仅能够想出一个，有的同学甚至一个也想不出来，但是另外一些学生却能一口气列出15个之多。

老师将纸条逐一收上来，然后进行统计分析，结果发现，那些列出不喜欢的人数目最多的，自己也正是最不受众人所喜欢的，而那些没有不喜欢的人，或者不喜欢的人很少的同学，也很少有人讨厌他。于是，老师得出一个结论：大体而言，他们加诸别人的批判，正是对他们自身的批判。

当你喜欢别人时，别人也可能会接纳你；但是当你不喜欢别人时，别人也可能不会接纳你。你对别人怎样，别人也会对你怎样。

以一颗负责任的心去对待别人，别人也会对你负责，任何事情都是相互的。

# 坚守自己的使命

奥古斯特·罗丹，19世纪法国伟大的雕塑家，西方近代雕塑史上继往开来的一代大师，他的雕塑作品《思想者》是现代世界最著名的塑像。罗丹出生于巴黎拉丁区的一个公务员家庭。父亲一直希望罗丹能掌握一门手艺，过殷实的生活。但是罗丹从小醉心于美术，为此，父亲曾撕毁罗丹的画，将他的铅笔投入火炉。罗丹的功课都很差，上课时也在画画，老师曾用戒尺狠狠地打他的手，使他有一个星期不能握笔。在姐姐的资助下，罗丹上了一所工艺美校。在此，他学习了绘画和雕塑的一些基本知识，并立志要当一名雕塑家，并把雕塑作为自己的使命。

罗丹去报考著名的巴黎美专，可能是由于他的作品太不合主考者的品味，一连三次都没有被录取。罗丹遭到如此挫折，决心再也不考官方的艺术学校了。不久，一直资助他的姐姐病逝了，罗丹心灰意冷，决心进修道院去赎罪。后来，在修道院长的鼓励下，罗丹重新树立起从事艺术的志愿，于半年后离开了修道院。

在罗丹几乎丧失信心的时候，他在工艺美校时的老师勒考克一直鼓励着他。同时罗丹遇到了他的模特儿兼伴侣罗丝，开始了他的创作生涯。罗丹创作的头像《塌鼻人》遭到了学院派的轻视，但罗丹仍是夜以继日地工作着。

他曾在比利时和雕塑家范·拉斯堡合作，稍稍有了一点积蓄。利用这点钱，罗丹访问了意大利的佛罗伦萨、罗马等地，研究了那里保存的各个时期的艺术大师的作品。

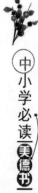
中小学必读［美德书］

这次游历使罗丹获得极大的收获,回布鲁塞尔后就创作出了精心构制的作品《青铜时代》。由于雕像过于逼真,罗丹竟被指控从尸身上模印。罗丹百般申辩,经过官方长时间的调查,才证明这确系罗丹的艺术创作,一场风波就此平息,而罗丹的名声也由此传开了。

从比利时回到法国,罗丹的部分创作已受到了上流社会的承认。1880年,他接受政府的委托,为筹建实用美术博物馆设计大门。罗丹以意大利诗人但丁《神曲》中的《地狱篇》为题材,构思了规模宏大的《地狱大门》。这件作品整个创作前后费时达20年,最后也没有正式完成,但部分构思却在别的作品中有了体现。

1891年,罗丹受法国文学协会之托制作的巴尔扎克纪念像再一次遭到非议,一些人认为作品太粗糙草率,像一个裹着麻袋片的醉汉。文学协会在舆论哗然之下,拒绝接受这个纪念像。但是在1900年巴黎三国博览会上,一个专设的展厅陈列了罗丹的171件作品,堪称为艺术界盛举。成千上万的人涌来看《地狱之门》《巴尔扎克》《雨果》,来自世界各国的艺术家和社会名流纷纷向罗丹表示祝贺和敬意。罗丹在除法国之外的世界里获得了极大的声誉,各国博物馆争相购买他的作品,以至能得到罗丹的作品成为一时的时髦事。罗丹终于获得了成功。1904年,罗丹被设在伦敦的国际美术家协会聘为会长,罗丹的荣誉达到了一生的顶点。

光荣的罗丹并未就此止步,他唯一的生命便是雕塑。罗丹开始雕塑比真人还大一倍的《思想者》。罗丹亲身感受到脱离了兽类之后的思想者承受的压力,他通过塑像来表现这种拼搏的伟大。这是罗丹最后一部史诗性作品,当塑像完成后,他也筋疲力尽。一个具有使命感的人,往往具有顽强的意志力,能在一连串的挫折中经受住考验,从而锤炼自己的意志力,使自己成为一个勤奋、勇敢和富有创新精神的人。

# 只要勤奋就可补拙

张瑞一直想不通一个问题：为何同桌想考第一就能考第一，而自己才考了二十二名？一天放学回家，张瑞就问自己的妈妈："妈妈，你说我是不是比别人笨啊，我觉得我和他一样听老师的话，一样认真地做作业，可是，为什么我总比他落后？"

妈妈听了儿子的话后，开始意识到儿子已经慢慢有了自尊心，而这种自尊心正在被学校的排名伤害着。妈妈看着自己的儿子，没有说什么，也不知道怎么回答。

后来，在期中考试中，张瑞考了全班第十七名，而自己的同桌还是第一名。这次回家后，孩子还是像自己的妈妈问了和上次一样的问题。她真想说，人的智力确实有三六九等，考第一的人，脑子就是比一般人的灵。然而这样的回答，难道是孩子真想知道的答案吗？她没说出口。

到底要如何回答孩子的问题呢？很多次，她真想重复那几句被上万个父母重复了上万次的话——你太贪玩了；你在学习上还不够勤奋；和别人比起来还不够努力……以此来搪塞儿子。可是，张瑞这样脑袋不够聪明，在班上成绩不甚突出的孩子，平时活得还不够辛苦吗？所以，她没有这样说，而是力图为儿子找一个完美的答案。

直到小学毕业，他都没能赶上同桌，但和过去相比，他的成绩一直在提高。妈妈为了对儿子的进步表示赞赏，带着他去看了一次大海。旅行中，妈妈回答了自己儿子的问题。

母子俩坐在沙滩上的时候,她对自己的儿子说:"你看那些在海边争食的鸟儿,当海浪打来的时候,小灰雀总能迅速地起飞,它们拍打两三下翅膀就升入了天空;而海鸥总显得非常笨拙,它们从沙滩飞入天空总要很长时间。然而,能真正飞跃大海的还是它们。"

高中毕业后,张瑞以全校第一的成绩考入了清华大学。寒假归来时,母校请他给同学及家长们做一个报告。报告当中,张瑞讲述了自己的这段经历,使得很多母亲流下了热泪。

不聪明没有关系,只要勤奋就好。只要我们学会每天进步一点点,总有一天会见成效。

# 成本最高的邮件

在离投票结束时间还有半个小时的时候,一架直升机到达了小镇的选举现场。2007年9月,就在挪威大选的前一天,挪威西部城市桑纳讷市的邮局迎来了顾客皮尔先生。皮尔的邮件很特殊,那是一张已填好的选票。他委托邮局将这张选票邮寄到80公里外的一个小镇去。皮尔离开时特意嘱咐邮局的工作人员,务必将选票在选举投票结束之前送到那个小镇。

邮局的员工按照要求寄出了选票。然而,就在选举当天上午,邮局接到了另外一个邮局打来的电弧,他们说收到了一张被误寄的选票。桑纳讷邮局的员工核查后,发现,被寄错的邮件正是皮尔先生的那张选票。

此时,小镇的选举已经开始了,要是从错寄的邮局再邮寄那张选票,根本就无法按时达到。为了这件事,邮局局长召开了一个会议,着重讨论怎样处理这个棘手的问题。员工们都认为,这件事很严重,因为它涉及邮局的信誉问题。虽然挪威的法律没有规定,邮局的邮寄工作不许出现失误。可严重的事情是,要是选票无法如期到达,皮尔先生就将失去他的选举权。这样的话,他就会对邮局的信誉产生怀疑。情况万分紧急,究竟该如何补救?最终,局长决定不论付出多大的代价,也要把顾客的邮件准时送到。

接下来,桑纳讷市邮局向一家快递公司求助。然后,这家快递公司立刻向一家民用航空公司租用了一架直升机。他们用这架直升机载着那张选票,飞往目的地。在距离投票截止时间还有半个小时的时候,直升机终于到达了小镇的选举现场。得知皮尔先生的选票被如时投进了票箱里,邮局的全部工作人员才松了一口气。

为了这张选票,桑纳讷市邮局向快递公司一共花费 3000 美元。这张选票,成为了邮递史上邮寄成本最高的一个邮件。

包专机就为了一张选票,桑纳讷市邮局的做法引起了全世界的争议。对此,这家邮局的发言人这样认为:"不论花费多少费用,不论代价多大,把顾客的邮件准时寄到是我们邮局的责任和义务!"

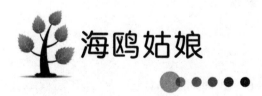

## 海鸥姑娘

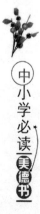

小海鸥十分漂亮,她十分爱美。每天早晨,小海鸥就到大海上,对海鸥来说,大海是镜子,她每天都到这儿来梳洗打扮。

小海鸥对着这面镜子瞧啊、照啊,一会儿扭动身躯,一会儿梳理羽毛,她认为自己是天下最美的姑娘。

就在小海鸥看着自己的外表洋洋得意的时候,海岸的岩石那边儿传过来这样的话:"臭美,臭美。不劳动,没人喜欢你!"造燕窝的小雨燕七嘴八舌地议论。

小海鸥不服地扭过身子,继续照镜子:"哼,你们嫉妒我!"。

中午的时候,小海鸥飞到了礁石上面,啄食岸边晾晒的鱼虾。就在她吃得很香的时候,海燕飞来过来:"懒鬼,不许吃我的东西,那些都是我们捕的鱼虾!"

小海鸥听后坐下来哭了,而且哭得好伤心! 镜子里的她一点儿也不美。

大海对小海鸥说:"劳动是最高尚的美德,你应该和他们一起劳动才是。"后来,海鸟劳动者的队伍里又多了一只美丽的小海鸥。

"劳动是最高尚的美德!"这是一句多么富有哲理的话,我们每个人都应该用自己的双手创造美丽的世界。

# 投笔从戎的班超

班超家祖祖辈辈都是做学问的,在东汉时期很有名气。从小,班超就跟自己的父亲班固学习写文章和整理史料,可他却心不在此,他一心想为国家干一番大事。

后来,班超听说北方匈奴联络西域各国家经常到汉朝边界掠夺居民和牲畜后,气愤得再也坐不住了,他说:"大丈夫不应该整天闷在这里写文章,而是应该去塞外保家卫国,去立功。"班超把笔一扔,就投军去了("投笔从戎"就出自此处)。

当时，掌管兵马的人是窦固。他采用汉武帝的办法，先去联络西域各国，斩断匈奴的臂膊，再全力对付匈奴。公元 73 年，窦固派班超出使西域，结交西域各国。

班超先到了鄯善，鄯善王虽投靠了匈奴，对匈奴的不断勒索，鄯善王很不高兴。所以，他一看到大汉使者来此，就赶快殷勤接待。然后，几天后，班超发现鄯善王的态度改变了，不再像之前那样恭敬和热情了。一打听，才知道原来是匈奴也派了使过来。鄯善王怕得罪匈奴人，才故意冷落班超他们。

一天晚上，班超就召集了自己的 36 个随从，对他们说："我们一起来到西域，目的就是为国立功。现在，匈奴的使者才来几天，鄯善王的态度就变了，要是过几天他把我们交给匈奴，咱们连尸骨都不能回故乡了，怎么办呢？"

大伙儿说："我们都听你的，你说怎么办就怎么办。"

班超说："不入虎穴，焉得虎子。现在就有一个办法，我们偷袭匈奴。他们不知道我们有多少人，只要我们一起杀出去，他们一定措手不及，只要杀了匈奴的使者，鄯善王就一定会归顺汉朝，大丈夫为国立功就在今夜。"

大伙儿都说："对，就这么拼一次！"

半夜，班超带领手下人偷偷地到匈奴使者住的地方。班超让 10 个人拿鼓埋伏在帐篷后面，告诉他们，只要一看到火光就是敲鼓呐喊。然后，他带着其余的人来到门前，顺着风向放起火来。顿时，鼓声、喊声响成一片，睡意正酣的匈奴人，以为外面来了大批人马，吓得纷纷逃命，班超冲上前去，一连杀了三个匈奴兵。随后，他的手下也冲杀了上来，一共斩杀了 30 多个匈奴人，其他的匈奴人都跑了。

第二天一早，鄯善王听说匈奴使者被杀后悲喜交加，又高兴，又害怕。他亲自来见班超，表示从此以后要真心同汉朝友好，并派自己的儿子和班超一起回洛阳学习汉文化。回到洛阳后，班超向明帝报告了结交鄯善的经过，汉明帝很高兴。他派班超再去出使于阗，还叫他多带些人马去。班超说："于阗地方很大，路途遥远，要争取与他们谈和不在人多人少的问题。我们只要能帮助他们抵抗匈奴，让他们信服我们就行，所以我还是带 36 个随从去吧。"

　　很快，班超便带着自己的人马赶到了于阗。当时，匈奴的一个降临也正好在那里。于阗王不知该依靠哪边，于是就找了一个巫师，想通过卜卦来决定。那个巫师一心想着匈奴，于是就故意和于阗王说，天神要吃班超骑的马。班超知道后，就让巫师自己来牵马，等巫师一过来，班超立刻拔出宝剑把他杀了。然后，班超义正辞严地对于阗王说："大王你要是和汉朝和好的话，对两国都很有利。要是勾结匈奴侵犯大汉，那么巫师就很可能是你的榜样。"于阗王再也不敢三心二意了，连声说："愿意听从汉天子的吩咐。"还表示要学鄯善王的样子，把儿子送到洛阳学习。班超把携带的礼物送给了于阗王，于阗王非常感激。

　　于阗和鄯善是西域的两个大国，他们同汉朝交好，其他小国家自然也就相继跟汉朝交好。最后，只有龟兹和疏勒站在匈奴一边。龟兹王是匈奴立的，他还仗着匈奴的势力，进攻疏勒，杀了疏勒王，立龟兹人为疏勒王。班超断定疏勒人不会服气，于是就带着十几个人到疏勒，出其不意地把龟兹王抓起来。接着，班超又召集疏勒的官员和百姓，对他们说："匈奴人杀了你们的国王，你们为何不报仇，反而认贼作父呢？"

　　官员们说道："我们没有力量去对抗匈奴。"

　　班超说道："我是大汉派来的使者，愿意出来主持公道。"于是，疏勒也归顺了汉朝。为了帮助疏勒人抵抗匈奴和龟兹，班超就在疏勒住了下来。

　　公元 75 年，汉明帝死汉章帝即位。这时，有人对汉章帝说在西域驻兵花费大，得利少。于是，汉章帝就召回了班超。

　　班超得到皇帝的诏书后，只能准备返回洛阳。当地的来百姓听说班超要回家，都舍不得他走。有一个疏勒将领流着眼泪说："汉朝不管我们了，叫我们靠什么抵挡匈奴呢！与其等匈奴打来再死，不如现在就死吧。"说完就自杀了。

　　班超准备动身回国那天，于阗王和大臣们抱住他的马腿不让他走。班超看到这种情景，也不忍心走了。于是，他给皇帝上书道："西域各国是因为受不了匈奴的欺负，才把汉朝当作靠山，要是今后他们没了依靠，他们肯定会再联合匈奴对抗我们大汉的。那样他们又会成为汉朝边界上的祸患。我情愿留在西域,帮助他们抵抗匈奴。"汉章帝被班超的赤胆忠心感动了,就答应了他的请求。

班超为了国家利益,情愿远离家乡,长期驻守在荒凉偏远的西域。西域各国的官员和老百姓都非常钦佩他。经过班超多年的努力,西域 50 多个国家都归顺了东汉王朝。班超把这些国家的兵力集中起来,共同抵抗匈奴的侵略。打这以后,匈奴兵再也不敢来骚扰了。

班超在西域一住就是 31 年,70 多岁才返回大汉。班超为国家和人民的利益做出了个人牺牲。班超打通西域,加强了汉族同西北各少数民族之间的关系,加强了边疆稳定,为国家的安定和平做出了不可磨灭的贡献。

# 以负责的态度去面对每一件事

著名歌星迈克尔知道自己不擅长写歌词,所以专门找了一个叫凡内芮的年轻人来合作。凡内芮非常了解迈克尔对音乐痴迷,但面对那遥远的音乐界及整个美国陌生的唱片市场,他们每走一步都十分艰难。

在两人的一次闲聊当中,凡内芮说出了这样一句话:"你想象一下,五年后的你在做什么?"

还没等迈克尔说话,凡内芮又接着说道:"不要着急,你可以先仔细想想,然后再说出来。"

迈克尔沉思了几分钟,开始说:"第一,我希望五年后能在市场上看到我们的一张唱片,而且能得到别人的肯定;第二,我希望在五年后住到一个有很多音乐的地方,可以天天和音乐与音乐家们待在一起。"

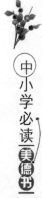

凡内芮说:"好,既然你已经确定了,我们就把这个目标倒过来看。如果第五年,你有一张唱片在市场上,第四年一定是要跟一家唱片公司签上合约;第三年你一定要有一个完整的作品出来,可以把作品拿给很多很多的唱片公司听,对不对;第二年,一定要有很棒的作品开始录音了;第一年,就一定要把你全部要准备录音的作品全部编曲,排练好;那么第六个月,你就应该把那些没有完成的作品完成,然后做一次刷选;第一个月,就是要把目前这几首曲子完工;第一个礼拜,必须先列出一张清单,好处需要修改的作品。"

凡内芮停顿了一下,然后又接着说道:"你看,你现在已经有一个完整的计划了,下面主要看你怎么做。要是按照这个计划走,一项项完成,到第五年,你的目标自然就实现了。"

果然,五年后,迈克尔的唱片在北美畅销了起来。

以负责的态度去面对每一件事情,一步一步积累,就可以不断地接近成功。

# 自信——打开潜能的钥匙

# 自己心中的英雄

对于檀咪·希尔来说,2002年感恩节是一个难忘的日子。当天,她开车带着自己的三个孩子,一岁零八个月的特莎里、四岁的特劳妮、七岁的特杜斯,去母亲家吃饭。两家人的距离很近,开车的话只需半个小时。

吃过晚饭,檀咪·希尔一一给孩子穿上睡衣,然后让他们坐进车里,因为檀咪·希尔知道,回来的路上孩子们就会睡着。提前穿上睡衣的话,下车后只需要把他们抱到床上就行了。

这是檀咪·希尔家庭破裂之后过的第二个感恩节。檀咪和自己的丈夫在一年前离婚,但每天晚上孩子们都会在八点钟左右接到父亲打来的电话。圣诞节那天,在开车回家的过程中,檀咪接到了丈夫阿丹斯的电话,她把手机递给了儿子特杜斯。小男孩刚刚说完拜拜,电话又响了。由于够不到儿子特杜斯手上的手机,她解开了安全带。然而,就在她准备靠近儿子时,车子失控了。

檀咪回忆道:"我记得我把车开进了旁边的沟里面,车子弹起了两次。但是很幸运,我的孩子因为都坐在专用的座位上,所以没什么大碍。而我被甩出了车窗,然后就不省人事了。"

那个晚上乌云满天,没有月亮,也没有星星。翻车后,我的孩子找不到我了,他们的生活一下子就变了。他们看不到我,也听不到我的呻吟,因为我在离他们几米远的地方躺着,完全失去了知觉。

找不到我后,特杜斯就成为了家长。他回忆道:"一开始,我们动了动,但都动不了,我们全被安全带绑着。后来我解开了安全带,我十分害怕,但看到惊慌的妹妹们后我就不再那么害怕了。"特杜斯小心地拉过毯子,盖在妹妹们身上,然后告诉自己的两个妹妹,自己现在就出去求救。特杜斯从破了的车窗出去,然后想要找到自己的妈妈。但是外面十分漆黑,他什么都看不见,只是远处的牛奶厂还发出一些微弱的灯光。

特杜斯说:"天冷极了。"那天的天气预报说结了冰,但特杜斯还是爬了出来,就穿着他的那个小睡衣和小袜子。檀咪说道:"他穿过三重篱笆、一重电网,他的耳朵和脸蛋被划破了。"

10分钟后,特杜斯来到了牛奶场,在一所房子前停了下。这是一所移民工人的房子,移民工人意识孩子遇到了麻烦,但自己不会说英语,无法和特杜斯交流。后来,一个工人跑过来做了翻译。在得知事故之后,那个工人立刻拨打紧急电话911,并带着特杜斯回到了事故现场。

凯立德是第一个赶到现场的警察,他说:"特杜斯太叫我吃惊了。在这样一场事故之后,他还能准确地告诉我他妹妹们的生日和两个亲戚的电话号码。我知道他被吓到了,因为他在农场对大人们讲话的时候,声音都是颤抖的。他的表现真是太令人难以置信了,他给了我全部需要的信息。"

救援人员赶到的时候,檀咪渐渐苏醒了过来,救援人员听到了她的呻吟声。当救援人员找到她的时候,她苏醒了一会儿,就又昏迷过去。当救护车把檀咪送到医院的时候,医生说,要是晚来一会儿檀咪就可能因失血过多没命了。

檀咪一直在医院里面昏睡了三天三夜。当她醒来的时候,全美的电视和报纸都对特杜斯在那样危急的关头救了全家的事迹进行了报道。在医院修养了一个月后,檀咪渐渐恢复了健康。

一次,美国一个著名的脱口秀节目把檀咪一家邀请上了节目。节目中,女主持人奥普拉·温弗莉特别采访了七岁的小男孩特杜斯。她问特杜斯:"据你的妈妈说,你平时特别害怕黑暗,妈妈不见了,天那么黑,你怎么敢独自一人跑到牛奶厂呢?"

小特杜斯有些羞涩,说道:"是的,我当时确实十分害怕,但是我得做英雄。

妈妈不在的时候，我就是两个妹妹的英雄。我得救她们。我希望一家人能永远快乐地生活在一起……"

特杜斯的话一说完，场下就响起了阵阵掌声。主持人奥普拉也颇为激动，说道："是的，当我们遭遇不幸和危险的时候，我们应该成为自己心中的英雄，我们每个人都是自己心中的英雄，这是特杜斯告诉我们的。"

很多时候，我们就是自己心中的英雄。这不是自傲，而是一种信念，一种勇气，一种敢于面对不幸的心态。

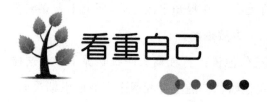

# 看重自己

他是一个非常自卑的男孩，家境的贫寒让他觉得自己处处低人一等。上学时，他总是埋着头走路，一碰到调皮的学生就赶紧躲开。尽管这样，他还是难逃成为别人出气筒的厄运，可怜的他，连还手的勇气也没有。每次受人欺负后，他都在心里问自己：我什么时候可以比别人强？

一天，老师带着全班同学到一家水果罐头工厂做勤工俭学，任务是刷洗那些收回来的空罐头瓶子。为了激励大家，快些完成任务，老师告诉大家这是一场比赛，要看谁刷得最多。

站在人群当中的他听到这个消息后，心里十分激动，因为他从来没有得到过"第一"。这一刻他下定决心，一定要得到它。

他很快就学会了全部的刷瓶程序，刷得非常认真，一个接一个，一整天都没有停下来，一双小手被水泡得泛起一层白皮。最终他一共刷了108个，成为了刷得最多的那个，也就是第一。当老师向同学宣布这个结果时，小男孩非常高兴。他第一次体验到成功带来的喜悦,这个喜悦一直留在他记忆当中。

从这天开始,10岁的他觉得自己的生活应该是另外一种样子。得了"第一"的他一下子懂得了,无论什么事情,只要他肯干,就一定可以干好。于是,他开始努力去打拼自己想要的事情,他始终坚信只要自己努力就一定会得到自己想要的东西。

没错,他走下去了,而且走得不错:1985年,他从重庆大学计算机专业毕业;1988年,他获得哈尔滨工业大学计算机专业硕士学位;1991年,他取得了哈尔滨工业大学计算机专业的博士学位。此外,他还拥有很多发明,曾经获得过荣获部级科技进步二等奖。

现在,当年害羞的那个小男孩正在"微软亚洲研究院"做研究,他叫周明。周明这样说道:自己的成功全是从108个瓶子中发现的。

任何时候我们都不要小看自己,只有相信自己才能做好每一件事情,才能不断进步,才能登上成功的巅峰。

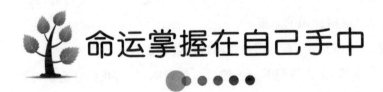

# 命运掌握在自己手中

一次火灾事故中,有一对孪生兄弟是那次火灾当中幸存下来的两个人,他俩的名字叫波恩和嘉琳。不过,大火已把他俩烧得面目全非。

"多么帅的两个年轻人啊,被大火给毁了。"医生惋惜道。

波恩整天对着周围的人叹气,自己现在变成这个样子,出去后怎么见人,以后的日子怎么过?

可以说,波恩对生活失去了信心,他总是常常自暴自弃地说:"与其赖活

着,还不如死了算了。"

但嘉琳不这样想,他极力劝波恩道:"这次大火我们是仅有的两个幸存者,因此我们的生命显得尤为珍贵,我们的生活最有意义了。"

兄弟俩出院后,波恩终究难以接受现实和面对别人的讥讽,最终服安眠药离开了人世。

嘉琳却没有,他坚强地活了下来。无论遇到多大的冷嘲热讽,他都咬紧牙关挺了过来,嘉琳一次次地暗自提醒自己:"我的生命最可贵。"

一天,嘉琳还是像往常一样送一车棉絮去加州。由于下雨,路面很滑,所以嘉琳把车开得很慢。突然,嘉琳看到不远处的桥上站着一个人。嘉琳赶紧急刹车,导致车滑进了路边的一条小沟里。嘉琳还没有靠近年轻人的时候,年轻人已经跳下了河。

于是嘉琳下车跳进河去救他,年轻人被他救起后,又前前后后跳了 3 次,直到嘉琳差点被大水吞没那个年轻人才停止自杀。

原来,嘉琳救的这位年轻人是个富翁,富翁很感激嘉琳,便和嘉琳一起干起了事业。

后来,嘉琳经过自己的打拼和努力,从一个积蓄不足 10 万元的司机,到一个拥有 3.4 亿元资产运输公司的老板。

几年后,美容医术发达了,嘉琳用挣来的钱修整好了自己的面容。

经常做同一件事情,会让我们养成习惯。一旦养成习惯,我们就会被习惯控制。所以,我们要懂得找回自己,让自己控制自己,控制自己的心,控制自己的行为。

# 屡败屡战是成功的关键

　　莫斯出生在波士顿,早年出过海。后来,他开了一家杂货铺,但很快就倒闭了,一年后他另开了一家小杂货铺,仍以失败告终。

　　在淘金热席卷美国的时候,莫斯在加利福尼亚开了个小小的饭馆。他本来以为供应淘金客膳食是稳赚不赔的买卖,可是他没想到,很多淘金者都是南柯一梦,根本买不起东西。这样一来,小饭馆又倒了台。

　　回到马萨诸塞州之后,莫斯又做起了布匹服装生意。这一次,他依然是失败,但不仅仅是关门那么简单,他彻底破产,赔了个精光。

　　但莫斯依旧不死心,接着又跑到新英格兰做布匹服装生意。这次,他灵活多了,甚至把生意做到了街上商店。头一天开张时账面上收入才有 11.08 美元,而后来位于曼哈顿中心地区的莫斯公司,成为了世界上最大的百货商店之一,莫斯成了美国百货大王。

　　下面还有一个屡败屡战的事例。

　　保罗·高尔文是典型的爱尔兰农家子弟,充满了进取精神。13 岁那年,他看到别人在火车站卖爆米花,当即就被这个行业吸引,并很快投入其中。他不懂,早已占住地盘的孩子根本不欢迎再有别的人进来竞争。为了捍卫自己的地盘,那些孩子抢走了他的爆米花,并把它们全部倒在街上。后来,他参军了。

　　战争结束后,高尔文复员回家,在威斯康星办了一家电池公司。但公司很快遇到了困难,不论他怎么使劲折腾,产品依然没有销路。某天,高尔文刚吃

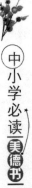

完午餐回来,便见公司被查封了,高尔文甚至不能再进去取出他挂在衣架上的大衣。

1926年,他和朋友合作做起了收音机生意。当时,全美差不多有3000台收音机,根据时常需求,预计两年后将扩大100倍。但这些收音机都是用电池作能源的。于是他们想发明一种灯丝电源整流器来代替电池。想法很好,但产品难以打开销路。眼看自己的事业一天天走下坡路,他心里十分难过。

就在这时,高尔文通过邮购销售的办法招揽了很多客户。后来,他办起了专门制造整流器和交流电真空管收音机的公司。三年后,高尔文再次破产。这时的他已陷入绝境。后来,他想出了一个点子,就是把收音机装到汽车上,但这意味着要面临很多技术困难。

到1930年底,他的制造厂已经欠下374万美元的巨款。但高尔文没有放弃奋斗,反而更加努力。后来,经过不断的努力和奋斗,他成为了富翁,盖起了豪华住宅。

通往成功和幸福的路一定不会一帆风顺,期间肯定要遭受很多挫折和失败。然而,成功的关键也就在于是否能屡败屡战。要相信,有失去才有得到,当你觉得自己已经走到山穷水尽的时候,也许你离成功仅有一步之遥。

# 做真正的自我

基安勒出生在意大利,但后来跟着母亲到了美国。长大后的一天,他那碌碌无为的父亲告诉说:"认命吧,你这辈子肯定会一事无成。"

听到这样的说法,他心里十分沮丧,他老是想着自己苦闷的前程。

　　一天，他的母亲这样对他说道："在这个世界上，你是独一无二的，没有人能跟你一样。"

　　从听了妈妈的这句话后，他燃起了心中的火焰，他在心里告诉自己，我一定是第一。

　　第一次去应聘的时候，公司的秘书和他要名片时，他给递给人家一张黑桃A。面试的时候，经理问他："你是黑桃A？"

　　他说："是的。"

　　经理再问："为什么是黑桃A？"

　　他说："因为A代表第一，而我刚好是第一。"

　　就这么简单，他被录用了。

　　在接下来的日子里，他获得无比的成功，他一年推销1425辆车，创造了吉尼斯纪录。每天睡觉之前，他都要重复几遍说："我是第一，我是第一……"然后才入睡。

　　这种鼓舞性的暗示坚定了他的信念，加强了他的自信，使他的个性得到了有力的强化。

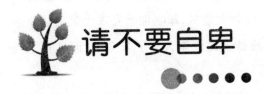

# 请不要自卑

　　在自然界中，大象可谓是聪明的，因为它懂得把自己的丑陋变成力量。丑丑的鼻子是它生存的法宝。

　　据说，上帝在造大象的时候打了一个盹，于是就把大象的鼻子拉得又大又长，使大象变得奇丑无比。上帝当时想为大象重新造一个鼻子，但一想世界上已经有很多美的东西了,比如老虎、天鹅、孔雀等,所以有一些丑陋的动物也是正常的,这样的世界才精彩。于是,就决定让大象接受丑陋的事实。

一开始,大象并不知道自己长得丑,很喜欢到动物中间去活动。可是,其他动物见了它后都纷纷躲开,感觉像是碰到了怪物。为此,大象极其纳闷。心想:我这么善良温和,可为什么大家不愿意和自己在一起呢?

一个中午,大象去河边喝水,湖水清如明镜,它看清楚了水中的自己。我的天啊,你怎么给我这样丑的鼻子:上帝为什么给别的动物制造出比例合适而且好看的鼻子,偏偏给我造了一个奇大奇丑的鼻子?

幸亏大象心胸开阔,它想:上帝不会给我丑陋的东西,既然有了这个大鼻子,那这个鼻子就一定有它的作用。

于是,它学着用鼻子吸水,只要自己站在河边,把长长的鼻子往河中一伸,就很容易吸到河中的水。这样,大象每次喝水的时候就不用下到水里了。

因为大象的鼻子又大又长,它能够弄到很高的树枝树叶,拔出很粗的树木,丑鼻子给大象带来了数不清的好处。因为它的鼻子又大又长,大象吃到和喝到的东西又多又好。此外,大象还经常用鼻子干活,身体越来越强壮。

万年后,大象成为了陆地上最为强大的动物,很少有动物敢挑战大象。

一天,上帝突然想起了大象和它的丑鼻子。为此,上帝内疚了很久,觉得自己一时疏忽,却给大象造成了终生的缺憾。于是,上帝找到了大象,想要给大象重新捏造一个鼻子。可是,当它找到大象时,却吃惊地发现大象不是原来的样子了,它变成了庞然大物,大象的鼻子比原来大多了长多了,而且看上去也不再那么丑陋了,反而显得很健美。

上帝说道:"大象真是聪明动物,竟然把自己的丑陋变成了一种力量,使自己的丑鼻子变为生存的法宝,看来我没有必要再改造它了。"

不论是大象还是我们,要是经受不起现实的考验,我们就很容易走入自卑的低谷。坚持走正确的方向,强化自己的意志,才能让人生更加精彩。

# 说自己行就能行

她因为长得又矮又瘦,所以被老师排除在了合唱团外。最糟糕的是,她永远只会穿一件又灰又旧而且十分不合身的衣服。

她躲在公园里伤心地流泪,在心里想我为什么不能去唱歌呢?难道我真的唱得很难听?想着想着,她就情不自禁地唱了起来,唱完一支又一支……

这时,一个声音响起来:"唱得真好!小姑娘,听着你的歌声,我度过了一个愉快的下午。"小女孩惊异了!说话的人原来是个满头白发的老人,而且说完就走。第二天,她再来的时候,看到老人还是在原来的那个位置。

很快,她唱起来,老人聚精会神地听着,一副陶醉其中的表情。最后他大声喝彩,说:"小姑娘,十分感谢你,你唱的太好了!"说完,他仍独自走了。

很多年后女孩长成了一个大姑娘,成为了本城有名的歌手。但她忘不了公园靠椅上那个慈祥的老人。一次,她特意回公园找老人,但那儿只有一张小小的孤独的靠椅,再没有老人的身影。后来她才知道,老人早就死了。

一个知情人告诉她:"他是个聋子,都聋了 20 年了。"

每一次鼓励,都是给孩子一个机遇。孩子需要鼓励,就像植物需要浇水一样,离开鼓励的孩子很难进步。不要吝啬你的表扬,对你来说,那只是一句简单的话,但对于他人来说,它就是一次成功的鼓励,甚至是走向人生的另一个转折的动力。建立起你的信心,当你认为自己什么都做不了的时候,你其实已经不缺什么了,除了信心。

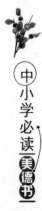

中小学必读美德书

# 一个黑色的气球

美国著名心理医生基恩博士常给自己的病人讲这么一个故事。

一天中午,几个白人小孩到一处公园里游玩。在公园里,他们碰到了一位卖氢气球的老人推着货车进了公园。看到气球后,几个孩子十分兴奋,一窝蜂地跑了上去,每人买了一个气球,然后兴高采烈地追逐着放飞的气球。

白人小孩走后,一个黑人小孩(基恩)才怯生生地走到老人的货车旁,用恳求的语气问道:"请问你能卖一个气球给我吗?"

老人慈祥地打量了他一下,温和地说:"当然可以,你想要什么颜色的?"

他鼓起勇气说:"黑色的。"

老人有些诧异,但还是递给了他一个黑色的气球。黑人小孩开心地接过气球,小手一松,气球在微风中冉冉升起。

老人看着正在上升的气球对男孩说道:"孩子,你应该明白,气球能不能升到空中,主要看气球内是不是充了氢气,而不是看颜色。一个人的成败也一样,它和种族、出身都没有关系,关键看你心中有没有充满自信。"

# 相信自己

一名教授站在 30 名分子生物班的大四学生面前,正准备给他们分发期末考试试卷。教授对下面坐着的学生这样说道:"能当上你们的讲师我很荣幸,我知道你们为这次考试做好了充分准备。我也知道你们大部分人下个学期就要进入医学院或者研究生学院。"

此外,教授接着说道:"同时,我也清楚你们对这篇材料的理解程度,我相信你们都能通过这次考试,所以我准备给不愿意参加考试的学生 B 分。"

对于下面的学生来说,这无比是个好消息,有很多学生已经站起来谢过教授后离开了教室。教授又对留下的一少部分学生说:"还有人要走吗,这是最后一次机会了。"几秒钟后,接着又有几个学生走出教室。

最后,留在教室里面的学生就只有那么区区几个。教授把门关上,数了一下参加考试的学生人数,然后开始分发试卷。卷子上印着一句话:恭喜你这次考试已经得了 A 分,请保持自信。

从来没见过这样的考试方法,这似乎使批改试卷的工作变得轻松起来,但只有治学严谨的教师才会这样去要求学生。因为对自己所学的知识没有把握的学生最多只能得到 B 分。

在学生的现实生活当中,也是同样的道理。能得到 A 分的学生,是那种不论做什么事情都非常自信的学生,因为从成功和失败中他们都能学到东西。无论是正规的学校教育还是逆境的磨练,他们都能从经验和失败当中吸取教训,不断地完善自己。

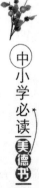

很多心理学家说过，一个人在两三岁的时候，会有 50％的自信；6 岁时，有 60％的自信；8 岁时，有 80％的自信。现在的你，可以说不再是一个孩子了，你意识到你已经受到年龄的限制。你要尽量缩小受限制的范围。我们应该慢慢学会从别人的故事当中得到启发，埃德蒙·希拉里是第一个登上珠穆朗玛峰的人，他曾说过："我们征服不了的不是山峰，而是我们自己。"

乐观地和身边的人相处、和同学相处、和老师相处，因为他们当中的极大部分人都比你懂得自信的重要，并且还能帮助你集中精力做你力所能及的事。

永远不要停止学习，只有不断学习才有源源不断的能力来充实我们的自信。要尽可能多地吸取各种知识，从你的谈吐中就能体现出你的学识。

一定要注意不要混淆自负和自信。如果你想让别人相信你，你也要相信别人。要鼓励别人，首先要理解别人，这样才能支持别人。如果你既不相信自己也不相信别人，那么你永远也不可能成功。

在一次比赛上，教练十分沮丧地宣布比赛结束后，便向球员大喊："笨蛋们，快去洗澡吧！"全部人都朝衣帽间走去，只有一个人站在原地没动。教练怒视着问他："为什么还站着不动？"

这个球员说道："你说的是笨蛋，笨蛋才去洗澡，而我不是笨蛋，他们才是笨蛋。"这个球员自信吧？当然，由于他的自信，后来成为了球队的教练。

能力和智慧是令人充满自信的基石。而自信呢，正是获得成功的必要条件。要是我们自己都不自信，就更不要把希望寄托于别人。成功对缺乏自信的人来说，是一种奢望。

# 是金子就会发光

米卢上学时成绩一直名列前茅，多次获得奖学金，然而毕业后却屡次碰壁，一直找不到合适的工作。他觉得自己总是怀才不遇，因而对社会非常失望。他为没有伯乐来赏识自己这匹"千里马"而愤慨，甚至因伤心而绝望。

一天，他来到大海边，打算结束自己的生命，以此了却自己的痛苦。正当他即将被海水淹没的时候，一位老人把他救上了岸。老人问他："为什么要自寻短见？"

米卢说道："我既得不到别人的承认，也得不到社会的认可。没有人欣赏我，活着有什么意义。"

这时，老人弯腰捡起一粒沙子，让米卢看了看，然后随手将沙子扔在了地上。接着，他对米卢说："请你把我刚才扔在地上的那粒沙子捡起来。"

米卢低头看了一下说："这根本不可能！"

老人没有说话，而是从自己口袋里拿出一个珍珠，随手扔在了沙滩上，然后对米卢说："你能把这颗珍珠捡起来吗？"

米卢说道："当然能！"

老人说道："现在，你懂得你的遭遇了吗？你要明白，你现在还不是珍珠。想要得到别人的承认，就要想办法让自己变成一颗珍珠才行。"米卢低头沉思，半晌无语。

有些时候，我们必须承认，我就仅仅是一粒沙子，而不是价值连城的珍珠。要出人头地，要得到别人的认可，你必须具备出类拔萃的资本才行。发现自己

中小学必读美德书

的优点是很重要的,不要让生活中的挫折打败我们坚强的心。

生活是一件不容易的事情,人活着就是为了有出息,为了有一片属于自己的天空!

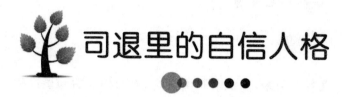

# 司退里的自信人格

司退里16岁的时候,找到了一个他所希望的工作,在一个大五金商号里做店员。

可以说,司退里的前途十分光明,他努力工作,尽心尽力学习,盼望着自己将来做一个成功的五金销售员。司退里一直觉得,自己很上进,但经理的看法却不是这样:"我不想用你了,你是绝不会做生意的。你很适合到铸造厂做一个安分的工人。你的那些蛮力,除了做苦力,基本没有别的用途。"

经理的这番话,简直是对人的一种侮辱,司退里受了很大的打击,显然他被打倒了。他的首次冲刺失败了,但是他重整旗鼓,决心要得到胜利。

他对那残酷的经理反抗说:"你可以辞退我,当你削减不了我的志气。以后如果我还活着的话,我一定会像你一样开一个五金店。"

这不是发泄,他因第一次的失败而不停地努力,一直到他成为全国最大的五金制品商之一。

后来,有人那样评价道:"要是没有经历那次打击,司退里恐怕永远都只会是一个平庸的销售员。遭受打击前,他一直很有自信心,他以为自己的工作是很好的。然而,正是这种自满消灭了他那种求上进的刺激。他在那个粗鲁的经理之下所受的打击,正是促使他上进的必要原动力。"

当一个人受到外界的打击时,也许打击会让那个人消沉,也许也会激励那个人奋发。所以,很多时候,你想战胜自己的不自信,最好最有效的办法就是去承受一次你能承受的打击。

# 相信自己

在农场附近小学上二年级的小女孩索尼亚一天中午回家后很委屈地哭了,父亲问她为什么,她抽泣着说:"班里面的同学说我又丑又笨,还说我走起路来十分难看。"

索尼亚的父亲听后,笑了笑,然后说:"你能摸得着房顶上的天花板。"还在哭泣的索尼亚听后觉得很惊奇,就反问:"你说什么,我能怎样。"

索尼亚的父亲把话重复了一遍:"你能摸得着房顶上的天花板。"

这一下,索尼亚连哭都忘记了,她看着天花板,想:天花板那么高,就算父亲蹦起来也够不着,我怎么可能够得着呢?"

父亲笑着得意地说:"你也不信吧。那你也别信那些同学的话,因为有些人说的话根本不是事实!"父亲的话让索尼亚开始懂得,不能太在意别人说什么,要自己拿主意!

长大后,索尼亚成了一名演员。一次,她要去参加一个公益活动。但经纪人告诉她,雪下得太大,再说你也没有必要去参加这种对你的演艺事业没什么帮助的活动。经纪人的意思是,要去参加那些大型的集会和活动才能提升自己的名气。然而,索尼亚执意要去,因为她坚信自己没出名。

索尼亚没错,那次公益活动因为有她的参加举办得非常成功,而索尼亚也

得到了各方面的赞许，名气和人气也骤升。

当自己的想法和建议得不到大众赞许、支持的时候，当我前行的脚步遇到阻挡和羁绊时，千万不要动摇我们的心中的信念，要相信自己黎明就在前方。

# 最优秀的人是自己

苏格拉底到死都有一个遗憾，那就是他多年的得力助手居然用了半年时间都没给他找到一个优秀的关门弟子。

在风烛残年之际，哲学家苏格拉底知道自己时日不多，于是就想考验一下那位平时看来很不错的助手。他把助手叫到床前说："我的蜡所剩不多了，得换另一根蜡接着点下去，你明白我的意思吗？"

助手说道："懂得，您的思想光辉会很好地传承下去……"

苏格拉底慢悠悠地说："可是，我需要一位最优秀的承传者。他不但要有超人的智慧，还要有充分的信心和非凡的勇气……这样的人选直到目前我还未见到，你去帮我找找好吗？"

助手很温顺很尊重地说："好的，好的。我一定竭尽全力去找，决不辜负您的期望。"

苏格拉底笑了笑，没再说什么。

此后，助手就不辞辛苦，通过各种渠道开始四处寻找了。助手找来一位又一位，但都被苏格拉底一一婉言谢绝了。一次，当那位助手再次无功而返回到苏格拉底病床前时，病入膏肓的苏格拉底硬撑着坐起来，扶着那位助手的肩膀说："真是辛苦你了，不过，你找来的那些人，其实还不如你……"

助手言辞恳切地说:"我一定加倍努力,找遍城乡各地、找遍五湖四海,我也要把最优秀的人选挖掘出来,举荐给您。"

半年后,苏格拉底告别人世,但那最优秀的人依然没有着落。助手非常惭愧,泪流满面地坐在病床边,语气沉重地说:"我真对不起您,让您失望了!"

苏格拉底说道:"失望的是我,对不起的却是你自己。本来,最优秀的就是你自己,只是你不敢相信自己,才把自己给忽略、给耽误、给丢失了……其实,每个人都是最优秀的,差别就在于如何发掘和重用自己……"话没说完,一代哲人就永远离开了他曾经深切关注着的这个世界。

我们最大的敌人就是我们自己,最难看清本质的也是我们自己。给自己一个精准的定位,这对每个人来说都十分重要。

# 有一个人可以帮你

一次,一个商人把自己的全部财产投资到了小型制造业。但因世界大战的爆发,他的工厂无法获取所需原料,最终只得宣告破产。公司的破产,金钱的丧失,使他十分沮丧。他离开妻子儿女,成为一名流浪汉。他对于这些损失无法忘怀,而且越来越难过,甚至,他想过要自杀。

一次,他看到了一本名为《自信心》的书。这本书给他带来了勇气和希望,他决定找到这本书的作者,请作者帮助自己重建自信。

当他找到写书的作者,讲完故事后,作者对他说道:"我已经以极大的兴趣听完了你的故事。但事实上我是真的帮不了你。我希望我能对你有所帮助,但事实上,我却无能为力。"他低下头,脸色惨白,喃喃地说道:"这下子完

蛋了!"

作者沉默了一会儿,然后说道:"虽然我没办法帮助你,但我可以给你介绍一个人,他可以协助你东山再起。"刚说完这几句话,他立刻跳了起来,说道:"看在上帝的份上,带我去见见这个人吧。"

于是,作者把他带到一面高大的镜子面前,指着镜子里面的人说:"我要介绍给你认识的那个人就在里面。这个世界上,只有他能够使你东山再起。除非坐下来,彻底认识这个人,否则你只能跳到密歇根湖里。因为在你对这个人作充分的认识之前,对于你自己或这个世界来说,你都将是个没有任何价值的废物。"

他向前走了几步,用手摸了摸长满胡须的脸孔,对着镜子里面的人从头到尾看了一遍。对着镜子里的人从头到脚打量了几分钟,然后退几步,低下头,开始哭泣起来。

几个星期后,作者在街上遇到了一个似曾相识的人。作者几乎快认不出那个人了。他的步伐轻快有力,头抬得高高的。他从头到脚打扮一新,看来是很成功的样子。"那一天我离开你的办公室时还只是一个流浪汉。对着镜子,我找到了自信。现在,我找到了一份年薪三千美元的工作,我的老板先预支一部分钱给我的家人。我现在又走上成功之路了。"

接着,他又风趣地对作者说:"我正要去通知你,将来一天我还要去拜访你一次。我将带一张支票,签好字,收款人是你,金额是空白的,由你填上数字。因为你介绍我认识了自己,幸好你要我站在那面大镜子前,把真正的我指给我看。"

自信是一个人做事和活下去的力量,没有自信就等于没有了信心,就等于自己给自己判了死刑。不论是面对学习还是生活,我们都要学会自尊、自立、自强、自信!

# 握住自信

有一位女歌手在第一次登台演出时十分紧张。一想到自己马上登场，要面对那么多观众，她就手心冒汗："要是在舞台上一紧张，忘了歌词怎么办？"越想，她心里越恐惧。就在这时，一位前辈笑着走过来，随手将一个纸卷塞到她的手里，轻声说道："这里面写着你要唱的歌词，如果你在台上忘了词，就打开来看。"她握着这张纸条，像握着一根救命的稻草，匆匆上了台。也许有个纸卷握在手心，她的内心就踏实了很多。最后，她在台上的表现相当完美，完全没有失常。

演出结束后，她走下台去向那位前辈致谢，然而前辈说："是你战胜了自己，找回了自信。我给你的不是什么歌词，就是一张白纸！"她展开手心里的纸卷，果然上面什么也没写。她感到惊讶，自己凭着握住一张白纸，竟顺利地渡过了难关，获得了演出的成功。

在以后的人生路上，她就是凭着握住自信，战胜了一个又一个困难，取得了一次又一次的成功。一个能握住自信的人，面对困难，他就会积极地解决问题、克服困难。自信是人们克服困难取得成功的重要保证。

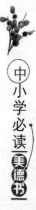

# 丘吉尔的人格突破

　　有一段时间,丘吉尔因在政治上失意,所以整日精神抑郁。全家人看在眼里,急在心里。

　　丘吉尔有一个邻居,邻居的妻子是一个画家,家里堆满了各种颜料、画笔、画布以及画好的作品。

　　丘吉尔一家经常到邻居家欣赏邻居的杰作。在家人的劝慰下,丘吉尔开始跟他的邻居学习油画。

　　在政治舞台上,丘吉尔是个敢做敢为的政治家,可面对眼前的画布,他半天都不敢下一笔,生怕出一点差错。那个女画家见了,索性将全部的颜料全倒在了画布上。

　　丘吉尔一见那画布上已经满是颜料了,于是就拿起他的画笔开始在画布上任意涂抹起来。就这样,丘吉尔完成了自己的第一幅作品。虽然不怎么样,但始终是一个突破。

　　从此丘吉尔开始放开手脚画画了。经过不断地练习,丘吉尔终于在画技上有了长足的进步。

　　最终,丘吉尔借着在油画上的突破恢复的自信在政治上东山再起,为英国甚至全世界做出了惊人的贡献。

# 勇气——通往彼岸的动力

# 死神也怕咬紧牙关

　　卡撒和妻子茱莉亚是都是登山运动员。一次,他们两人约好去登一座著名的山峰。两人经过长时间的努力,终于攀到了山顶。站在山顶上眺望,远处城市中白色的楼群在阳光下变成了一幅画。夫妻两人兴奋得手舞足蹈,忘乎所以,简直就像两个孩子。对于忙碌的生活来说,这是一次难得的旅行。

　　然后,悲剧的一幕发生了。卡撒一脚踩空,随即向万丈深渊滑去。就在这一瞬间,茱莉亚马上反应过来,她一口咬住丈夫的上衣。当时她正蹲在地上拍摄远处的风景。同时,她也被惯性带向岩边,仓促之间,她抱住了一棵树。

　　茱莉亚牙关紧咬,卡撒悬在空中。你完全不能相信,两排洁白细碎的牙齿承担了一个高大魁梧躯体的全部重量。

　　这个景象就像一幅画,被瞬间定格在蓝天白云大山峭石之间。茱莉亚的长发像一面旗帜,在风中飘扬。茱莉亚不能张口。一小时后,他们得到了救助。

　　而这时的茱莉亚,美丽的牙齿和嘴唇早被血染得鲜红。

　　有人问茱莉亚如何能挺那么长时间,茱莉亚回答:"当时,我头脑里只有一个念头:我一松口,卡撒肯定会死。"

　　一个星期以后,他们的故事传遍了世界各地。人们觉得,这是一个奇迹,而我们也懂得这个奇迹背后的事实绝对不是两排洁白细碎的牙齿确实可以承受一个高大魁梧躯体的全部重量,而是咬紧牙关的那股坚持的信念。

　　当我们在学习或者生活当中遇到苦难的时候,我们就多想想这个故事。多给自己战胜困难的勇气和信心。

# 飞向自己的目标

霍利斯自出生以来，就是性格暴躁的父亲的出气筒。而母亲呢，和别人有私，霍利斯自然就成为障碍物。霍利斯没有得到过太多的家庭温暖，也没有受过太好的教育。

霍利斯到了 18 岁后。便开始自力更生，到餐厅洗碟子，帮人打杂。他长时间省吃俭用，后来买上了一辆旧汽车，当上了出租汽车司机。一天深夜，他驱车经过一处袋鼠经常出没的地方。由于他未关闭车前灯，路旁的袋鼠见到强烈的灯光，以为是敌人来袭击，就跳到公路上奋起反抗，与汽车相撞。倒霉的是，霍利斯的汽车滚进了山沟，严重受伤的他不省人事。

当霍利斯在医院的病床上醒来的时候，双腿已经被截肢。他躺在医院的病床上，想自己的茫茫未来，浑身打起了冷战。

霍利斯的女友莎丽看到这一幕时，惊呆了，她掉过头哭着跑了，从此与霍利斯分手了。面对这般境遇，霍利斯自己反而显得异常平静。霍利斯十分不甘心就这样荒废余生，他要重新开始生活。

他以一种奇特的旁人不可想象的方式来对待肉体上的痛苦。每次伤口疼痛的时候，他从不呻吟，而是让护士帮自己找一些书。

护士小姐莫名其妙地问："借书！什么书？"

霍利斯说："什么都行，只要能够解除我的痛楚。"护士感到茫然。她胡乱地借来几本有关飞机工业发展情况的书，其中有一本威廉·波音的传记。正是这本书，给这位青年带来了希望之光。

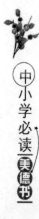

中小学必读 美德书

　　威廉·波音是美国西雅图一位木材商的儿子。威廉·波音最向往的地方是天空,为了自己的梦想,他创办了木头飞机厂,利用那里廉价的木材制造飞机。经过不断地尝试和努力,威廉·波音的飞机越造越先进,从木制飞机到金属飞机。第二次世界大战期间,威廉·波音办成了美国最大、最先进的飞机制造公司。现在著名的波音 707、波音 747、波音 767 等都是他的公司生产的飞机。霍利斯看了威廉·波音的自传后,深有感慨。

　　霍利斯开始学习飞机构造原理、机械制图、航空理论等枯燥乏味的知识。对于一个文化程度不高的残疾青年而言,这十分不容易! 他给自己装上了假肢。虽然他 19 岁了,但还是要像小孩子一样学步走路,迈开第一步——步履艰难的第一步。

　　霍利斯经常到图书馆看书,要是觉得疲倦了,他就到海边练习冲浪。冲浪运动是很多年轻人的嗜好。许多运动员由于冲浪,被海水时而弄湿的头发在烈日下曝晒变得发白了。那些胆小而不敢驾驭巨浪的男孩子们,却用阿贾克斯牌漂白药水弄白了头发,冒充自己也是冲浪勇士。霍利斯·克里夫的头发显然也是白的,但却是真的白! 他常常像健康人那样,带着自己的滑水板,在大海的波峰浪谷中自由穿行。谁能想象,霍利斯·克里夫的双腿是装上去的! 他顽强地进行体育锻炼,顽强地自学。

　　八年后,霍利斯设计出了自己的飞机,他设计的飞机只有 100 公斤,是世界上质量最轻的飞机。他的设计的飞机可以乘坐 12 个人,时速 300 公里,也不用跑道,可以在普通的公路上起飞。平时,飞机还可以挂在小汽车后面,十分方便。

　　霍利斯驾驶着自己设计的小飞机,直上蓝天。他驾驶着自己的飞机飞过山峦,跨过海洋,像海鸥那样自由地飞向自己的目标。

　　当我们心中有一种向往的时候,就会感到有一种力量在推动我们翱翔。给自己一个目标,然后努力去挑战,用志气、信心、希望、努力来武装自己,这样就能战胜一切艰难险阻。

# 坚强可以战胜心魔

美国石油大亨保罗·盖蒂是个瘾君子，烟抽得很凶。一次，他到法国度假。由于途中下起了大雨，不能开车，他就在一个小城的旅馆过夜。

吃过晚饭后，疲惫的保罗·盖蒂很快睡着。凌晨两点的时候，盖蒂醒了过来，想做的第一件事情就是抽一根烟。打开灯，他伸手去抓睡前放在桌上的烟盒，不料里头却是空的。他下了床，搜寻衣服口袋，毫无所获，他又搜索行李，希望能发现他无意中留下的一包烟，结果又失望了。这时候，旅馆的餐厅、酒吧早关门了，他唯一希望得到香烟的办法是穿上衣服，走出去，到几条街外的火车站去买，因为他的汽车停在距旅馆有一段距离的车房里。

对于抽烟的人来说，越是找不到烟，想抽的欲望就越大。盖蒂实在难以隐忍心中的欲望，脱下睡衣，穿好了出门的衣服。就在他伸手拿雨衣时，突然愣住了。他在心里问自己：我这是在干什么？

盖蒂站在原地沉思了一会儿：一个所谓的成功商人，一个自以为有足够理智对别人下命令的人，竟要在三更半夜冒着大雨走过几条街，去买一支烟，这实在值得研究，到底是什么力量有这样强大。

接着，盖蒂把那个空烟盒揉成一团扔进纸篓，换下衣服回到床上。几分钟后，他入睡了。

从这以后，盖蒂戒掉了烟，再没有抽过。

# 强势人格需要磨练

　　孤儿托马斯在 12 岁那年,为了寻找一份工作,他隐瞒自己的真实年龄,到一家药房的冷饮柜当售货员。托马斯隐瞒真实年龄的事被药店经理查了出来,之后便将他解雇了。托马斯的养父知道后,十分生气,对着托马斯怒吼道:"你永远也保不住你饭碗!"

　　此后,每当这段遭遇在他脑中呈现一次,他干活就更卖力一点。35 岁那年,托马斯在社会上站稳了脚,在事业上取得了很大成就,成为了一个百万富翁。

　　托马斯从事的是饭店餐馆业,1969 年他开办了自己的第一家"闻滴老式汉堡包餐馆"。他选用新鲜的牛肉,做出新鲜的牛肉饼,出售时直接从炉子里拿出热腾腾的汉堡包。当时别家餐馆都是把事先烤熟的汉堡包涂上芥末和番茄沙司,包在纸里置于热灯下烘着保温。所以,托马斯餐馆的生意一直很好,光顾托马斯餐馆的顾客们还可以根据自己爱好选择各种调味品,并选购这里独有的专门为孩子们制作的汉堡包。

　　由于托马斯的经营方式和食品十分有特色,所以吸引了社会上的很多顾客。深受社会欢迎的"闻滴老式汉堡包餐馆"适时应势,如雨后春笋般地到处出现。

　　根据别人的统计,在他事业红火的那段时间,平均不到三天就有一家他的餐馆开张。后来,托马斯的餐馆遍布美国,然后走向海外。8 年后,托马斯拥有了 1000 家餐馆,又过 3 年,他开起了第 2000 家餐馆。

# 超越自我

他出生在北方的一个小镇，通过自己的努力，他考上了北京的大学。

由于胆小，他几乎不敢和班上的女同学说话。除此之外，还有一个重要的原因就是，上学的第一天邻桌的女同学问他的第一句话就是：你是哪里人，从哪里来？

对于这个问题，他一直很忌讳，因为他认为自己出生在小城镇，没见过什么大世面，怕来自城市的那些人看不起自己。所以，一学期结束，他几乎不认识一个女生！很长一段时间，自卑的阴影都占据着他的心灵；最明显的体现就是每次照相，他都要下意识地戴上一个大墨镜，以掩饰自己的内心。

她，在北京的一所大学上学。从不敢穿裙子，也不敢上体育课，她担心同学私下嘲笑自己，因为她觉得自己肥胖的样子太难看。因此，大部分时间她都活在自卑当中。

大学毕业时，她差点毕不了业，不是因为功课差，而是因为她不太愿意参加体育长跑测试！

体育老师甚至说出这样的话："只要你参加测试了，不论快慢，都算你及格。"

可不论老师怎样说，她都不跑，也不想向老师解释，只是在一味地恐慌，恐慌自己跑起来的样子，担心遭到同学的耻笑。可是，她连向老师解释的勇气也没有，茫然得不知所措。

为了让自己的体育及格，她采取的办法就是死活跟着老师，老师回家做

饭,她也跟着。最后老师烦了,勉强算她及格。

后来,在播出的一个电视晚会上,她对他说:"要是那时候我们是同学,可能是永远不会说话的两个人。你会认为,人家是北京城里的姑娘,怎么会瞧得起我呢? 而我则会想,人家长得那么帅,怎么会瞧得上我呢?"

他,现在是中央电视台著名节目主持人,他叫白岩松。她,现在也是中央电视台著名节目主持人,她叫张越。

# 宁死不屈的文天祥

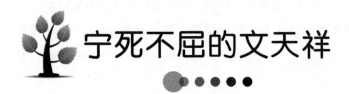

南宋末年,朝廷衰败不堪,刚刚建立起来的元朝举兵南侵,打得宋军一败涂地。元兵一路南下,直逼南宋都城临安。为了救援,南宋朝廷向全国发出文告,召集各地的义军前来解围。

朝廷的文书到达江西赣州时,知州文天祥立即召集了一万多义军。义军是组织起来了,但是粮饷是个问题,兵器也不足。为了凑足军饷,文天祥变卖了自己的家产。接着,他便带领义军向临安的方向前进。

但是,朝廷当中的很多人看到元军势盛后,都主张投降,都说留得青山在,不怕没柴烧。率领元军的统帅伯颜逼宋朝派宰相去谈判,但是朝廷中的大臣们胆小如鼠,无人敢去。这时,文天祥刚好赶个巧,他挺身而出,朝廷任命他为右丞相,代表宋朝去和元军谈判。

一见伯颜,文天祥斥责元兵的无理侵犯,接着他还要求元兵后退一段路,然后才同意谈判。这是伯颜万万没有想到的事,他以为宋朝是派人来谈投降条件的,没想到文天祥竟然这样强硬。伯颜十分愤怒,吼道:"你们宋朝都快灭亡了，还来要求我，还不快快归顺我们！"

文天祥哈哈大笑，说："归顺？这不是我做的事情，我只知道抵抗。不要小看我们宋朝，现在南方的很多土地都还在我们宋朝手里，我们不会屈服的。我劝你还是接受我的意见，撤退军队，好好讲和，这样，对我们双方都有好处。"

伯颜十分生气，威胁文天祥道："是死是降，由你选择！"文天祥甩开元兵，理直气壮地说："我文天祥早就准备一死报国。你们要杀就杀，刀、锯、油炸，我都不怕！"伯颜无奈，只好把文天祥扣留起来，不让他回去。

文天祥被扣后，南宋朝廷投降了元军。文天祥得知这一消息后，简直是痛心疾首。他也想过自杀，但他又想到：全国广大军民还在继续抗元，无论如何也要活下去，跟敌人斗争到底！一天，文天祥乘敌人不备，在黑夜里带了十几个人，渡过长江，逃到了江北。后来，文天祥听说南宋益王在福州即位后，便急忙赶到福州。

新即位的益王让文天祥指挥各路人马，经过一年多的打拼，收复了江西南部许多地方。

后来，元军再次举兵南下。一次，文天祥的部队遭到了元军的包围，最终兵败被俘。被俘后，援兵要求文天祥下跪，但文天祥却直挺挺地站立着，轻蔑地对元军统帅说："叫我向你下跪，哼，真是异想天开！现在我被你们捉住，只有一死，要我屈服，万万不能！"

元军统帅眼看这样不行，于是叫人拿来纸笔，逼文天祥写信劝降。当时，文天祥提笔就写了一首《过零丁洋》，诗的最后两句这样写道："人生自古谁无死，留取丹心照汗青。"

后来，文天祥被押到了元朝的大都（今北京）。为了俘虏文天祥的心，元朝皇帝让文天祥住进了豪华的房子，给他吃山珍海味。而文天祥呢，总是不屑那些东西，每次只吃一碗饭，喝几口汤。

敌人恼羞成怒了，他们给文天祥戴上长枷和脚镣，送进了土牢。狭小的土牢，臭气扑鼻，不见阳光。冬天冷得像冰窟，夏天热得像蒸笼。一到晚上，成群的老鼠到处乱跑乱咬。敌人的百般折磨，始终动摇不了文天祥铁石一般的意

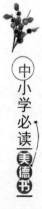

志。在难熬的四年牢狱生活中，文天祥写了一首《正气歌》。

最后，元朝皇帝亲自劝降失败，对文天祥失去耐心后，决定杀死文天祥。

行刑当天，大都城里面风沙漫天，日色无光。文天祥被押到刑场的时候，问了问周围的人，何方是南。有人指给他看后，他整了整衣服和帽子，然后跪在地上向南面叩头。叩完后，对身边的刽子手说道："快些动手吧。"

就这样，宁死不屈的文天祥就义。虽然他死了，但是他的精神和气节，永远留在我们心中，受世世代代的人怀念和赞扬。

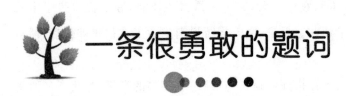

# 一条很勇敢的题词

巴乌斯住在海边的一幢小房子里面。他的房子紧靠海边，但是要想眺望大海，就还得再走一段积雪覆盖的小径。洁白的雪一直伸延到海水的边缘，每当掀起风暴，听到的不再是海浪的声音，而是浮冰的碎裂和积雪的沙沙声。

在巴乌斯房子的西边，有一个小小的渔村。这是一个再普通不过的渔村，迎风晒着渔网，到处是低矮的小屋，烟囱里冒着炊烟，沙滩上摆放着机船，偶尔看到一两只生着卷毛的狗。

拉脱维亚的渔民世世代代居住在这个村庄里面，生活依旧像几百年前一样，渔民按时出海打渔，也不是全部的人都能平安返回，特别是在波罗的海风暴怒吼、波涛翻滚的秋天。

村子旁边，立着一块巨大的花岗岩。这是一块已经立起来很久的花岗岩，上面有这样一段话："纪念在海上已死和将死的人们"。

巴乌斯看了这段内容后,心里十分悲伤,但是一位拉脱维亚作家对他讲述这条题词时,却不以为然地摇摇头,说:"不对,我觉得恰恰相反,对于我们来说,这是段勇敢的话。因为他说明我们永远也不会向困难屈服,我们会继续我们的事业。如果让我给一本描写人类劳动和顽强的书题词的话,我就要把这段话录上。但我的题词大致是这样:'纪念曾经征服和将要征服海洋的人们。'"

记住,遇到挫折的时候勇敢,不屈服于困难是战胜困难的关键。

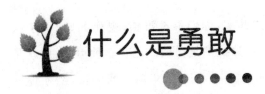

# 什么是勇敢

由于张老师的一条腿有毛病,所以走起路来总是一高一低的。为此,他班上的很多学生都在私下给他起了一个名字——"鱼鳔"。

一天课上,张老师给学生布置了一道分组讨论题:什么是勇敢?讨论开始后,大家十分积极,有人说是视死如归,有人说是见义勇为,有人说是知错能改……大家七嘴八舌,纷纷发表自己的看法。张老师在教室里走来走去,不时听听同学们的发言。这时,教室里突然响起了一个极不协调的声音,声音虽然不大,却特别刺耳。毫无疑问,是有人胆大包天地吹了一声口哨。

突然,教室当中立马安静了下来。张老师三步并作两步走到讲台上,阴沉着脸把教室里全部的人看了一遍,声色俱厉地问:"刚才的口哨是谁吹的?"教室里无人应声。张老师怒不可遏,高声吼道:"我再问一次,你们谁打的口哨?"

依然没有人应声,张老师用教鞭"啪啪"地抽打着讲台,喝令全体同学从座

位上站起来,说:"要是今天你们没有人承认,那你们就一直站下去。"

　　不一会儿,教室当中的几个女生哭了起来。一个男生终于说道:"是我吹的,打口哨的人是我,与其他人无关。"他话还没说完,又一个人大声说:"不是他,是我。"然后,又出现了两个人,都说是自己吹的。老师看了同学们一眼,语气缓和了一些,说:"四个人都说吹了口哨,很显然是不可能的事,同学们都请坐,我给你们讲一个故事。"

　　很多年前,一个刚从大学毕业的学生才参加工作不久就被人加了一个莫须有的罪名,他们日夜审问逼他承认。而这个年轻人呢,非常倔强,始终咬定他没犯那样的错误。最后,他的一条腿被打折了。"同学们面面相觑,都弄不出清楚老师为什么要讲这件事。

　　张老师平静地看着同学们,说:"其实,你们谁都没错,视死如归、勇于认错、见义勇为、泰山崩于前而面不改色,这些都是勇敢。还有一种勇敢,那就是拒绝承认,不管压力多大都不要承认,这同样是一种勇敢。我知道,刚才你们谁都没有吹口哨,那口哨是我吹的。"

　　同学们看到张老师一瘸一拐地正走出教室,这时他们才明白过来,原来当年那个人就是张老师。

# 勇于冒险

　　一天，龙虾和寄居蟹相遇，寄居蟹看见龙虾正把自己的硬壳脱掉，十分惊奇，说道："龙虾，你怎可以把唯一保护自己身躯的硬壳也放弃呢？难道你不怕有大鱼一口把你吃掉吗？以你现在的情况来看，连急流也会把你冲到岩石下面去，到时候你不死才怪呢？"

　　龙虾气定神闲地回答："谢谢你的关心，但是你不了解，我们龙虾每次成长，都必须先脱掉旧壳，才能生长出更坚固的外壳，现在面对的危险，只是为了将来发展得更好而做的准备。"寄居蟹细心思量一下，自己整天只找可以避居的地方，而没有想过如何令自己成长得更强壮，整天只活在别人的保护之下，难怪自己的发展受到限制。

　　每个人心中都有一个安全区，假如你想超越现在的自己，那么你就不能给自己划地自限。相反，要勇敢地挑战自己，充实自己，这样才能让自己在现实生活当中发挥得更好。

# 用勇气铺路

　　年轻人毕业后,在杜兰特公司找到了一份工作。一年后,他很想知道公司总裁对自己的看法和评价,可他又想到这么一点小事总裁可能不会太在意。最后,他还是抱着试一试的态度给总裁写了一封信,信中他问了很多问题,不过最重要的一个当属最后一个:"我可不可以在更重要的位子上做更重要的工作?"

　　没过多久,他收到了总裁的回信。总裁只是回答了他最后一个问题:"刚好公司决定建一个新厂,你去负责监督新厂的机器安装吧,但你要有不加薪的准备。"随同那封回信的,还有一张图纸。

　　他从来没有过这方面的训练,更没有任何经验,要在很短的时间内完成这样的任务,在很多人看来都是十分困难的。那年轻人也深知这一点,但他更清楚,这是一个难得的机会,如果自己因为困难而退缩,那么可能永远也不会有幸运垂青于他。于是他废寝忘食地研究图纸,向有关人员虚心请教,并和他们一起进行分析研究。后来,工作得到了顺利开展,并且按时完成了任务。

　　当这位年轻人向总裁汇报这项工作的进展时,却没有看到总裁本人,只是接到一位员工给他的一封信。信中,总裁这样写道:当你看到这封信的时候,也就是你荣升新厂经理的时候。你的年薪比原来提高 10 倍。据我所知你是看不懂这图纸的,但是我想看看你会怎样处理,是临阵退缩还是迎难而上。但是我发现,你不仅具有快速接受新知识的能力,还有出色的领导才能。当你在信中向我要求更重要的职位和更高的薪水时,我便发现你与众不同,这点颇令我欣赏。对于很多人而言，他们甚至都不会想这样，最多也就是想想罢了，根本不会有勇气去挑战。新厂建立，我最想找的就是一个用勇气、出色的经理。现在我看到了，你是最好的人选，祝你工作愉快。

很多人的生活当中都有很多的不可能，它时时刻刻侵蚀着我们的意志和理想，许多本来能被我们把握的机遇也便在这"不可能"中悄然逝去。我们应该明白，这些"不可能"很多时候都只是我们自己的一种想象，只要我们能拿出足够的勇气，就能把那些"不可能"变为可能。

# 永不服输

吴士宏，一个家喻户晓的名字，一名供职过多家跨国企业的职业经理。在吴士宏诸多的精彩事例中，就数她初次到 IBM 面试那段最精彩。

去应聘的时候，她只是一个小小的护士，抱着本书学了一年半英语后，就大着胆子去了 IBM 应聘。1985 年，吴士宏站在长城饭店门外，仔细地看着别人怎么从容地步入这扇神奇的大门。笔试和口试两轮考试下来，吴士宏都顺利通过。最后，主考官问她："你会不会打字？"

吴士宏条件反射般地说："会！"

考官继续问："一分钟多少字？"

吴士宏说："你的要求是多少？"

主考官说了一个数字，吴士宏立刻承诺说可以。吴士宏看了看四周，发现没有一个打字机。果然不出吴士宏所料，考官说下次再考打字。

其实，吴士宏根本没有摸过打字机，更别说打字了。面试一结束，她就跑到亲友那里借了170元,买了一台打字机回家。接下来的日子,她就没日没夜地练习打字。一连打了一个星期,吴士宏的双手连筷子都拿不起了。不过,公司却一直没有考过她的打字功夫。

从此,吴士宏开始了她的传奇人生。

不服输,是良好人格的体现,是人格魅力的呈现。一个人,要是没有人格魅力,就难以在生活当中获得成功。

# 不向苦难屈服

由于县民政局下乡扶贫,作为记者的李新刚随行采访。这一次随行采访,让他终身难忘。

一天,他们一行人来到全县最穷的一个村。村长带着他们到了一位老太太家,根据村长的介绍,老太太七十多岁,原来有两个儿子,大儿子在自卫反击战中牺牲了,小儿子患有痴呆症,几年前和一个更加痴呆的女人结了婚,后来生下了一个一儿一女,同样痴呆。为此,全家人的生活只能靠老太太来维持。

到老太太家后,所有人都惊呆了,她家有三个窑洞,一个是住房,一个是灶房,另一个养着猪羊。老人的家十分干净,村长说老太太这人爱干净,一辈子都是这样。当天,正好老太太的家人全在,虽然穿得破烂,但十分干净。

领导说要救济老太太,但老太太十分刚强,多次拒绝救济。她对前去的一行人说:"我们一家的开支得靠我们自己,怎么可以靠政府呢?"

民政局长说道:"老妈妈,现在快过年了,过年的东西准备齐了没有。"

老太太爽朗地说:"好了,都准备了。"

民政局长又问："那你都准备些什么了？"

老太太答道："准备了两碗白面，半斤肉。三个鸡蛋我也不卖了，留着过年吃。还给小孙子一人买了一盒鞭炮，都准备好了。用不着政府再为我们操心了。大年三十夜我就能包肉饺子了。"听完老太太的话，几乎人人都落下了眼泪。

民政局长又说我们代表政府送来一点钱粮，虽然不多也是政府的一点心意。老太太摇摇头说道："用不着政府救济我们，家里的日子还过得去，除了我准备的这些东西，家里面还有一些钱。我是真的有钱，不用政府救助。"民政局长坚持让她把钱拿出来让大家看看，她颤巍巍地走到一个大板柜前，打开柜子拿出一个包袱，从包袱里拿出一个钱袋。那钱袋被里三层外三层地包裹着。打开钱袋，全部也不过十几元钱。老太太说："这不，都是钱啊，用不着政府救济。"

说到这里，一位女同事哭了出来，捂着脸跑了出去。

后来，大家纷纷掏出自己的钱塞给老太太。但老太太却说："我常教育儿孙，不靠天不靠地，自己的事自己干。能助人时要助人……"

面对苦难，很多人都会被击垮，最终成为苦难的奴隶。当然，也有那么一部分人，他们能在苦难面前保持尊严，不向苦难屈服，最终战胜了苦难。后者是勇者的风范，是值得人敬佩的伟大的精神。

# 被辞退 18 次的主持人

　　莎莉·拉菲尔是美国著名的电台广播员,在她 30 多年的职业生涯中,前前后后一共被辞退过 18 次。不过每一次辞退,都只会让她放眼更高处,确立更远大的目标。

　　一开始,美国的很多电台都认为女性并不能吸引观众,所以没有一家电台愿意雇用她。后来,她好不容易在纽约的一家电台谋求到一份差事,但不久后就遭到了辞退,说她跟不上时代。

　　然后,莎莉没有因为被辞退而灰心丧气。她在总结了自己的失败教训后,又重新向国家广播公司电台推销她的轻谈节目构想。经过再三地洽谈,电台勉强答应了她,但提出要她先在政治台主持节目。"我对政治所知不多,恐怕很难成功。"她也一度犹豫,但坚定的信心促使她大胆去尝试。

　　对于她来说,广播早已轻车熟路,于是她利用自己的长处和平易近人的作风,大谈快要到来的 7 月 4 日国庆节。为了增加互动,她还请观众给自己打电话,然后一起分享感受。这种方式一经推出,听众立刻对这个节目产生很大的兴趣,她也因此而一举成名了。

　　后来,莎莉·拉菲尔坐上了自办电视节目的主持人,曾经两度获得重要的主持人奖项。

　　在一次对她的采访当中,她这样说道:"我曾经被人辞退了 18 次,不但没有被这些东西吓退,它反而成为了鞭策我勇往直前的动力。"

# 信念是人生的支柱

一位旅途这在一次沙漠风中迷失了前进的方向,更要命的是背包当中的食物和水几乎都被大风卷走了。他找遍全身口袋后,终于找到了一个苹果。

他惊喜地叫道:"啊,上帝还给我留了一个苹果。"紧握着苹果,他独自在沙漠中寻找出路。每当干渴、饥饿、疲乏袭来的时候,他就看看手上的苹果,然后抿一抿干裂的嘴唇,以此来给自己添加信念。

一天,两天,三天,他终于走出了沙漠,而他手中的那个苹果依然完好无缺,只是干瘪得不成样子了。

再来看下面的这个故事。

亚瑟尔是美国纽约的一个警察,在一次追捕过程中,他的左眼和右腿膝盖被歹徒用枪击中。3个月后,他出院了,但样子完全变了,一个高大魁梧、双目炯炯有神的英俊小伙子变成了一个又跛又瞎的残疾人。为了表彰他的英雄事迹,纽约市政府和其他各种组织授予了很多勋章。

一次,纽约有线电台的记者问他:"你想过吗,你以后要怎样面对你遭受的这些厄运。"

他说:"我只知道我没有抓住歹徒,我很想亲手抓住他。"他那只完好的眼睛里,透射出一种令人战栗的愤怒之光。

之后,他不顾周围人的劝阻,执意参与到了抓捕那个逃犯的行动中。他几乎跑遍了整个美国,甚至有一次为了一个微不足道的线索,独自一人乘飞机去了欧洲。

中小学必读 美德书

9年后,警察在一个小国抓住了那个歹徒。整个抓捕行动中,亚瑟尔起了非常关键的作用。庆功会上,他成为了人们心目当中的英雄,不少媒体称赞他是最坚强、最勇敢的人。

但谁有没想到的事情发生了,半年后亚瑟尔却在卧室里割脉自杀了。他在遗书中这样写道:"这些年来,让我们坚持一直活下来的信念就是抓住凶手。现在凶手抓到了,被判刑了,我的仇恨也就化解了,生活下去的信念也就消失了。面对自己的伤残,我从来没有这样绝望过……"

生命当中,可以缺眼睛,缺健全的腿,但绝对不能缺支持你活下去的信念。有了坚强的信念,哪怕在绝境中也能坚强地生存下去。假如失去了心中的信念,那么我们的生命也会随之凋零。

# 相信自己,我能行

魏特是个九岁的男孩,在他家附近,有一个陆军制空炮兵团。他经常和驻扎在那里的士兵玩,久而久之和他们成为了朋友,经常在一起消磨闲暇时间。军中的朋友会送给他一些像陆军伪装钢盔、背带及军用水壶这样的纪念品,魏特则以糖果、杂志,或邀请他们来家中吃饭,作为回赠。

魏特永难忘怀那一天,他回忆道:

"一天,我的士兵朋友告诉我:'星期天上午五点,我带你到船上钓鱼。'我听了十分高兴,雀跃不已,兴奋地回答:'真的啊!我好想去啊,我从未靠近过一艘船,我总是在桥上。防波堤上,或岩石上垂钓。眼看着一艘艘船开往海中,太令人羡慕了!我总是梦想有一天我能踏上一条来往在海中的渔船,然后在上面钓鱼。太感谢你了！我要告诉我妈妈，下星期六请你过来吃晚饭。'"

"星期六的晚上，我兴奋地和衣上床，为了确保第二天能快些赶到船上，我还穿上了我的网球鞋。我在床上无法入眠，幻想着海中的石斑鱼和梭鱼，似乎看到他们在我头上的天花板上游来游去。凌晨三点钟的之后，我就爬出卧房窗口，备好渔具箱，另外还带备用的鱼钩及鱼线，将钓竿上的轴上好油。带了两份花生酱和两份果酱三明治。四点钟的时候，我准备出发了。我带着钓竿、渔具箱、午餐及满腔热情，坐在我家门外的路边，摸黑等待着我的士兵朋友出现。"

"但他失约了。"

"那可能就是我一生中，学会要自立自强的关键时刻。我既没有对真诚产生怀疑，也没有回家生闷气或懊恼，或是向母亲、兄弟姊妹及朋友诉苦。相反，我跑到了附近的商店，花光了我身上所有的钱，买了那艘上星期在那儿看过、补缀过的单人橡胶救生艇。近午时分，我用尽所有力气，吹满了我的橡胶艇。我把它顶在头上，里头放着我的渔具和其他一些出海需要的东西。我使劲摇桨，将橡胶艇滑入水中，摆出一副我将启动豪华大油轮的样子。在海上，我钓到了一些鱼，享受了我的三明治，用军用水壶喝了些果汁。这是我一生当中最美妙的日子，我觉得那真是我生命当中的一个高潮。"

过后，魏特经常回忆那天，沉思所学到的经验，即使是在 9 岁那样稚嫩的年纪，他也学到了宝贵的一课："只要有鱼儿来咬钩，世界上就再没有什么值得烦心的事情了。那天，鱼儿的确上了我的钩。因此，我并没有什么失落和懊恼，并且十分享受那段时光。"

对魏特而言，去海上钓鱼是他那天最大的愿望。朋友失约后，他立即着手设定计划，使自己的愿望成真。当时，魏特十分有可能被自己糟糕的情绪击垮，然后回到家中抱怨和自我安慰。当时他没有这样做，他心中有个声音告诉他：仅有欲望不足以得胜。还要立刻行动，要自立自强，试着开发出全部的能量。

人最应该相信的是自己，很多时候，别人不会给你什么，即使你对他有再

大的恩情。很多时候,我们都只能更加相信自己,在心中告诉自己"我能行"。这样,我们才能对自己产生足够的信心。

# 克服心中的恐惧

风雨无情地击打着帆船,一群水手正在正忙着保持船身的平衡,不让暴风雨将帆船掀翻过去。水手们急忙卸下船上的三面船帆,以此减少风雨对船身的压力。

他们用最快的速度卸下两面船帆,可就在他们正着手卸下第三面船帆时,却发现经过猛烈地撞击之后,齿轮严重地卡住了,根本卸不下第三面帆。

这时,一个有经验的老水手看事态紧急,立刻凭着他的经验判断得出,需要有一个人爬到桅杆顶端,去解开系住船帆的缆绳。要是不这样,那面船帆的迎风面积很大,很可能把整艘船倾覆。

最终,船长采纳了老水手的建议。一个年轻的水手受命后,爬上了桅杆。正在大家眼看这个水手就要爬到桅杆的顶端时,水手却胆怯了起来,死死地抱住桅杆,丝毫不再移动一点。

帆卸不下来,船很可能随时都倾覆。甲板上的人眼看情况紧急,都大声呐喊着给年轻人加油打气。但年轻水手却手脚颤抖着大叫:"没有办法!我办不到啊!这里太摇晃了,也太高了,我……"

这时,富有经验的老水手对着年轻人喊道:"年轻人,现在我们所有人的性命都掌握在你手上。现在,你听我的话,不要往下看,把你的注意力集中在桅杆的顶端,看着你要解开的那条缆绳。年轻水手听了老水手的话,果然抬头望向桅杆顶端的船帆缆绳，只见他三两下便爬了上去，然后顺利地解开了缆绳，卸下了巨大的帆。

克服心中的恐惧，我们才能办到很多我们自以为办不到的事情。因为很多时候，现实当中的障碍并不大，大的是我们自己在心中设置的障碍。当我们遇到困难的时候，不要退缩，要告诉自己——勇敢地尝试就是成功的一半！

# 困难面前的坚韧

克尔是一家报社的职员，刚开始他对自己很有信心，他和经理说不必给自己按时发工资，按广告费抽取佣金，经理答应了他的请求。

他给自己列出了一份长长的名单，准备去拜访那些特别的客户。公司的每个业务员都认为，他说的那些客户根本不可能和公司合作。去拜访那些特殊的客户前，他站在镜子前，把名单上的客户念了 10 遍，然后对自己说："在本月之前，你们将向我购买广告版面。"

第一天，通过他的努力，他和 20 个别人觉得不可能合作中的 3 客户谈成了交易，接下来的几天，他又相继和其他客户做成了交易。到第一个月的月底，20 个客户只有一个还不买他的广告。在第二个月里，克尔没有去拜访新客户。每天早上，只要那个拒绝做广告的客户一打开店门，他就进去和那个客户推销自己的广告。每天早晨，这位商人都这样回答说："不！"每一次，当这位商人说"不"时，克尔就当他什么也没说，然后第二天接着去拜访。

第三十天的时候，那个商人说："你已经浪费了一个月的时间来请求我买你的广告，我现在想知道的是，你为何要坚持这样做。"

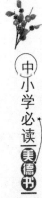

克尔说:"我不觉得那是浪费时间,我觉得我是在上学,而你就是教我的那个老师。我一直训练让自己在逆境中保持坚持精神。"

商人点了点头,说道:"这样说来,我也是在上学,而你也是我的老师。你教会了我坚持。对我来说,它比金钱重要得多,为了表示对你的谢意,我现在打算买下一个你的广告版面,当作我付给你的学费。"

坚持是取得成功的资本,我们每个人都需要再困难面前昂起头,因为这是一个健康人格必备的素质。

# 视死如归的史可法

史可法是著名的抗清英雄,在清军大举入侵中原之际,他率领扬州军民奋起抵抗,城破被俘,壮烈殉国。直到今天,他的故事依然被人们所传颂。

1644 年,镇守山海关的总兵吴三桂投降了清军,并带领清军进入山海关,最终导致北京沦陷。当时,很多明朝大臣都到街上排队迎接清军,还有一些人则逃到南京,拥戴一个叫朱由崧的皇亲做皇帝,建立起南明政权。南明大臣中,当属史可法的威望最高,被任命为兵部尚书,派他镇守扬州,抵抗清军。史可法最大的心愿就是收复大明江山,击退清军。史可法到达扬州后,与自己的部下和士兵一起同甘共苦。吃饭让士兵先吃,士兵没添衣,他也绝不先多加一件衣服。

在军中,他时常教育士兵,要时时提高警惕,防备清军偷袭。他以身作则,整天和士兵待在一起,从不回家,就连睡觉也穿着铠甲。为了接纳四方来投降的人,他设立了"礼贤馆"。在南明朝廷当中,像史可法这样忠心为国的人太少了,大多数人都是整天花天酒地地享乐,谁也不去考虑国家的命运。史可法的心血都白费了。

1645年,史可法得到报告,多铎统率大军向南明大举进攻后。立刻发出告急文书,向各地征调兵马。眼看清军就要达到扬州,连一个援兵的影子都没有。为此,史可法伤透了心,也下定了决心,死守扬州。

清军到了扬州后,并没有急于进攻。多铎在打听到守城的主将是史可法后,写了一封信去劝降史可法。并派李遇春去送信,谁想李遇春还没走到城墙跟前,就被乱箭给射回。多铎以为李遇春没把话说清楚,于是又派了一个使者去劝降。结果呢,史可法竟然叫人把那个劝降者绑起来,然后丢到了护城河里面。前前后后,多铎一共给史可法写了五封劝降信,但史可法每次都不看,直接烧掉。

后来,多铎气坏了于是命令大军里三层外三层地包围扬州城。史可法深知,一场残酷的战争马上就要开始了。他把全体将士集合起来,说:"扬州是南京唯一的屏障,如果扬州失守,南京就很难保住,所以我决心死守扬州。"他从坚守扬州的重要性说到国家面临的危急形势,从国家的危急形势说到古代仁人志士为国家前赴后继慷慨捐躯的动人事迹,说到激动时,他就忍不住放声大哭,哭得连血都从眼睛里流了出来,染红战袍。将士们看了,没有一个不感动,没有一个不痛哭流涕的。

第二天一早,清军就发起了猛烈的进攻,多铎调来红衣大炮,把城墙打破。史可法就指挥扬州军民用沙袋堵住城墙缺口,双方一直激战到晚上,清军最终才知难而退。

史可法知道,扬州迟早要被清军攻破,于是就对几个将士说:"我已经下了决心,扬州被攻破之日,就是我史可法杀身报国之时,不知你们有哪位愿意助我一臂之力。"将士们都拿袖子擦眼睛,个个难过得说不出话。最终,一个叫史德威的副将出来说:"属下愿助大人一臂之力。"听到有这样的声音传出,史可法十分高兴,说:"我本人无儿无女,从今以后你就是我的义子了。"

清军一连三天都没能攻下扬州,到了第四天,多铎又调来许多红衣大炮,

集中起来轰击扬州城的西北角,把城墙轰塌。接着,大批清军便像蝗虫一样拥进城里。至此,扬州城失守。

史可法一看城破,当即拔刀要自杀,幸好身边几个将士扑上去抱住他的胳膊,不让他下手。将士们就保护着史可法往外冲,没想到正好遇到一大队清军人马,全部将士都战死了。史可法看到很多清兵用刀往没有断气的明军将士身上砍,便大吼:"住手! 我是史可法!"

清军立刻围住他,带他去见多铎。

多铎说:"我给先生写了那么多封信,先生都没有回我。现在你在我手里,是否应该改变主意了?"

史可法:"我身为大明的臣子,死了也是大明的鬼魂。你想杀便杀,我不是贪生怕死之辈。"

多铎极其佩服史可法的忠肝义胆,说:"我知道你对大明已经尽了忠心,现在只要你归顺我们大清,一切……"

多铎的话还没说完,史可法就斩钉截铁地说:"我早已决心和扬州共存亡,今天扬州城被你们破了,我只求一死,决不会投降你们。"

多铎叹了口气,说:"可惜明朝像你这样的忠臣太少了,今天我就成全你的心愿吧。"

就这样,史可法就义了。

直到今天,我们依然怀念和敬仰这位誓死不屈的爱国英雄。

第七辑

谦 虚 —— 不 断 进 取 的 前 提

# 谦恭与谦虚

　　美国的塔卢拉·班克海德是一位演技资深的演员,她不仅演技精湛,而且聪明过人。岁月是把无情的刀,无情的岁月在她的脸上刻下了道道皱纹。她那闭月羞花的容貌,渐渐留在了过去。

　　一天,她在百老汇剧场听到一个同行对周围的人说道:"其实,塔卢拉·班克海德没什么了不起,我随时可以抢她的戏。"

　　塔卢拉·班克海德知道这个演员,知道她是一个很有发展前途的年轻演员。但不改掉目空一切、自高自大的毛病,就很能有所作为。

　　塔卢拉·班克海德她从旁边走出来,说:"我确实没有什么了不起,但就算不在台上我一样能抢你的戏。"

　　这位年轻的女演员听后不以为然,针尖对麦芒似的说:"您过于自信了吧。"塔卢拉·班克海德说:"那我们就在今晚演出的时候试试看。"

　　当天晚上,塔卢拉·班克海德和那年轻女演员同台演出。演出快结束的时候,塔卢拉·班克海德退场后,独自留下了那女演员独自演出一段电话对话。

　　塔卢拉·班克海德在台上表演饮香槟的内容之后,把盛着酒的高脚杯放在桌边上,随即退下场。高脚杯有一半露在桌外,眼看就要跌下去了,观众担心、紧张,几乎都注视着那个随时都可能掉到舞台上的高脚杯。

　　不用说,观众紧张的心情,破坏了她本来可以大出风头的演出。为什么高脚杯没从桌边掉下来呢?原来,老练的塔卢拉·班克海德退场前用透明胶布把高脚杯粘在了桌边上。

事后，那位女演员体会到了一个道理：要是你能把遇到的每一个人都当作自己的老师，那么你就会学到很多知识。同时也能化解许多不必要的阻力和麻烦。对于一个刚出道的年轻演员来说，更是如此。

那位年轻的女演员主动找到了塔卢拉·班克海德，诚心诚意地承认了自己的错误。

塔卢拉·班克海德大度而关切地说："花开能有几日红，年轻莫笑白头翁。要是年轻和美貌是推荐信，那么优秀的品质就是信誉卡。"然后，拿出了一个厚厚的笔记本，送给了那位年轻的女演员。

在笔记本中，塔卢拉·班克海德记下了自己多年来在舞台生涯的丰富经验和教训，并在笔记本的首页给那位年轻的女演员写下了这样的话："向前辈谦恭是本分；向平辈谦虚是友善；向下属谦让是高贵；向全部人谦和是安全。"

我们做人，不能太孤傲自大，应该尽量谦虚。谦虚能得到别人的原谅和信任，从某种意义上来说，谦虚做事不要太孤傲自大，还是谦虚一些好，因为，谦虚能得到别人的信赖与尊敬。谦虚不仅是人们应该具备的美德，从某种意义上说，谦虚也是获胜的一种力量。

# 夜郎自大，惨遭横祸

三国时期的祢衡非常有才，在社会上有很大的名气。不过他恃才傲物，他眼里只有自己，任何人都不放在眼里。心里容不了别人的人，别人自然也无法容他。所以，最后他"以傲杀身"，被杀于黄祖。

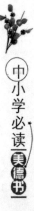

其实，祢衡所处三国时期，有才的人十分多，但他目中无人，经常说除了孔融和杨修，"余子碌碌，莫足数也"。就算是对孔融和杨修，他也不是很尊重他们。祢衡20岁的时候，他经常称他们为"大儿孔文举，小儿杨德祖"。

经过孔融的推荐，曹操见了祢衡。见礼之后，曹操并没有立即让祢衡坐下。

祢衡仰天长叹道："天下如此大，为何就没有一个能人！"

曹操说："我手下那么多英雄，怎么说没人呢？"

祢衡说："请说。"

曹操说："荀彧、荀攸、郭嘉、程昱机深智远，他们的才能就是辅佐汉高祖的萧何、陈平也比不了；张辽、许褚、李典、乐进勇猛无敌，就是古代的岑彭、马武也不及他们；还有从事吕虔、满宠、先牵于禁、徐晃等等。又有夏侯惇这样的奇才，曹子孝这样的人间福将，怎么说没人？"

祢衡笑着说："哈哈，你说的这些人我都了解。程昱仅能开开门；荀攸只适合看坟墓；郭嘉倒还可以读几句辞赋；许褚也许能放放牛，牧牧马；张辽在战场上只配打打鼓，敲敲锣；乐进和李典当当传令兵勉强凑合！"

祢衡这一顿讽刺，着实挖苦到了曹操。曹操大喝道："你和我说说你有什么才能？"祢衡说："天文地理无所不通；三教九流，无所不晓。辅助天子，可以使他们成为尧、舜；个人道德，可以与孔子、颜渊相比，怎能与这些凡夫俗子相提并论呢？"

这时候，在一旁的张辽听到祢衡这样的狂言，气得要杀了他。但是，曹操制止住他说："我目前正缺少一个敲鼓的人，早晚朝贺和宴会都要有人敲鼓，就让祢衡去做吧！"

曹操非常聪明，他希望以此来羞辱一下祢衡。谁知祢衡一点儿也不拒绝，十分爽快地答应了这个差事。这时候，张辽问曹操道："那个家伙如此无礼，为何不让我杀了他？"曹操笑笑说："这个人在外面有点虚名，我今天杀了他，人家就会议论我容不得人。他不是自以为很行吗，那就叫他打打鼓吧！"

第二天，曹操在丞相府大厅上邀请了很多客人赴宴，命令祢衡打鼓助兴。

按照规定,打鼓的人需要换上特地的服装,但祢衡却穿着自己的衣服进入大厅。祢衡精于音乐,打了一通"渔阳三挝",音节响亮,格调深沉,发出金石般的声音,座上的客人情绪热烈,激动得流下泪来。这时候,曹操的侍从出来说道:"打鼓的为什么不换衣服?"这下可好,祢衡竟当众脱下衣服,赤裸裸地站着,客人们惊得一齐掩起面孔。祢衡又慢慢地脱下裤子,说道:"目中没有君主,才是不懂礼仪;我不过是暴露一下父母给我的身体,以示我的清白罢了!"

曹操抓着祢衡的话,逼问说:"你说你自己清白,那么谁污浊呢?"

祢衡把话指向曹操说:"你不识人才,是眼浊;不读诗书,是口浊;不听忠言,是耳浊;不通晓古今的知识,是头脑污浊;不能容纳诸侯,是胸襟污浊;经常打着篡夺皇位的念头,是心地污浊。我是当今名人,然而你却强迫我打鼓,这就是好像当年的奸臣阳虎轻视孔子,小人臧仓毁谤孟子一样。你要想成就称王称霸的事业,这样侮辱人行吗?"

祢衡如此犀利地抨击了曹操,大家都为他捏了一把汗。当时,孔融也在厅内,生怕曹操一气之下会杀了祢衡,便为祢衡开脱说:"大臣像服劳役的囚徒一样,他的话不足以让英明的王公计较。"

曹操听出了孔融在帮祢衡讲话,事实上曹操也不想当众杀了祢衡,给自己留下恶名。于是,曹操对祢衡说:"我现在派你到荆州出使。要是你能说服刘表来归顺于我,我就给你升官。"祢衡知道刘表是不会归附曹操的,派去的人也会凶多吉少,这分明是曹操在使借刀杀人的伎俩,不肯答应。但曹操传令自己的侍从,备下马匹,挟持祢衡去了荆州。此外,曹操还通知自己手下的文武官员,都到东门外摆酒送行,真是聪明!

由于祢衡恃才傲物,往往出语伤人,所以也不讨刘表的喜欢。然而,刘表知道曹操的用心,曹操有心把祢衡送来,就是要借刀杀人。于是,刘表就把祢衡转派到生性残暴的江夏太守黄祖那里。果然,祢衡在宴席上讽刺黄祖,说黄祖好像是庙里的菩萨,只受香火,叫情并不灵验。最终激怒了黄祖,被黄祖所杀。

有才智固然是好,但也不能过于自傲。否则,就会树敌过多,不利于自己。一个不懂得收敛的人,会给自己带来许多麻烦,祢衡就是一个教训。

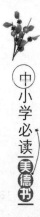

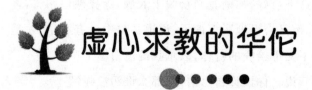

# 虚心求教的华佗

华佗是我国著名的医学家,他精通内、外、妇、儿、针灸等各科。

华佗成名之后,来找他看病的人很多。

一天,一个年轻人来找华佗给自己看病。华佗看了看说:"你得的是头风病,药倒是有,但就是没有药引子。"

年轻人问:"得用什么药作药引子呢?"

华佗说道:"人脑。"

病人一听,着实吓了一跳。心想,上哪去找生人脑子呢?只好失望地回家了。

过了些日子,这个年轻人又找了位老医生,老医生问他:"你找人看过吗?"

年轻人说:"我找华佗看过,他说要生人脑子做药引子,我没办法,只好不治了。"这个老医生听后就笑了,说:"不需要那个东西,你去找十个旧草帽,熬汤喝就行了。记住,一定要找人们带过多年的草帽才行。"

年轻人按老医生的方法做好,果然治好了病痛。

一天,华佗遇到这个年轻人。见他生龙活虎一般,不像有病的样子。

就好奇地问:"你的头风病好啦?"

年轻人说道:"是啊,多亏一位老先生给我治好了。"

华佗仔细听了治疗经过,非常敬佩那位老医生。他想向老医生请教,把他的经验学来。他知道,如果老医生知道他是华佗,肯定不会收他为徒。

于是，华佗就把自己扮成了普通人的模样，跟那位医生学了三年。

一天，师傅外出了，华佗同师弟在家里煎药。门外来了一位肚子像箩、腿粗像斗的病人。病人听说这儿有名医，便跑来求治。

师傅不在家，徒弟根本不敢接随便接待病人，当病人总是苦苦哀求道："求求先生，给我治一下吧！我家离这儿很远，来一趟不容易。"

华佗看到那位患者病情严重，就说："我来医治你吧！"

说完，拿出二两砒霜交给病人说："这是二两砒霜，分两次吃。可不能一次全吃了啊！"

病人接药，连声感谢。

病人走后，师弟埋怨道："砒霜是毒药，吃死了人怎么办？"

华佗说："这人得的是鼓胀病，必须以毒攻毒。"

师弟说："治死了谁担当得起？"

华佗笑着说："没事，出了事我负责。"

那个大肚子病人拿药出了村外，正巧碰上老医生回来了，病人便走上前求治。老医生一看，说道："你这病容易治，买二两砒霜，分两次吃，一次吃有危险，快回去吧！"

病人一听，说："二两砒霜，你一个徒弟给我的，叫我分两次吃。"

老医生接过药一看，心想：我这个验方除了护国寺老道人和华佗，还有谁知道呢？我没有传给徒弟呀？

回到家后，他就问自己的两个徒弟："刚才大肚子病人的药是谁开的？"

一个徒弟就指着华佗说："是师兄。我和他说这药是剧毒，但是他不听。"

华佗说："师傅，那个病人的病是鼓胀病，需要以毒攻毒，病人吃了有益无害。"

老医生说道："这是谁告诉你的？"

华佗说道："护国寺老道人，我在那儿学了几年。"

这时候，老医生明白了，原来自己的弟子是华佗啊，连忙说："华佗啊！你怎么到我这儿来当学徒啊！"

华佗只好说出求学的理由。老医生拉着华佗的手说道："你已经名声远扬了，还到我这穷乡僻壤来吃苦，真对不起你呀！"

说完，老医生当即就把治头风病的单方告诉了华佗。

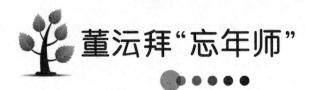

# 董沄拜"忘年师"

明代文学家董沄十分擅长写诗，嘉靖三年，62 岁的他到会稽山游历。一天早晨，董沄刚刚走到山腰，就看到很多人急匆匆地往山上走。董沄十分奇怪，就叫住一个年轻人问道："你们急匆匆的，是上哪儿去呀？"

年轻人所说："我们啊，去山上听阳明先生讲课。"

王守仁就是人们口中的阳明先生，是明代的哲学家、教育家，他的哲学思想带有明显的反传统色彩。这些董沄早有耳闻，不过他究竟主张什么，他的学说的内容，董沄并不知道。

董沄想：现在社会风气这么糟糕，每个人都在追名逐利，那些清高的文人学士也是如此，我倒要听听这王先生会讲出什么新辞来。

接着，董沄就沿着山道向上走。因为他年老体虚，他走得很慢，等他走到王守仁讲学的草堂时，早已开始讲课了。

阳明先生讲课的草堂坐北朝南，四合的院落，正厅的门大敞着。屋子里的地上铺着竹席，有很多学生席地而坐，一位五十岁左右的中年人坐在中间讲课。

董沄觉得进屋打扰不好，于是便在窗外的檐下坐着，安静地听了起来。

王守仁口若悬河，上起远古，下及当今，旁征博引，在座的人听得鸦雀无声。王守仁认为，万事万物之理不外于人的心，心明便是天理。所以为学"惟求得其心"，就像种树一样，心是树根，学习就像培土、灌溉、锄草、扶植，学习的目的是对心施加影响，反求于心起作用。而对儿童的教育也是如此，有的人将孩子鞭打绳缚，就像拘禁囚犯一样，这样做不仅达不到目的，反而会伤害了孩子的内心。而王守仁主张应使孩子受到鼓舞，使他心中喜悦，自然而然地达到日长日化的目的。

董沄简直听得入迷，不知不觉已经下课了。草堂里面的学生陆陆续续地走了，只有董沄还坐在那里回味着王守仁的话。

王守仁看到一个白发老先生竟坐在檐下听自己讲课，心里十分不安。于是，他就把董沄请进屋里坐下，二人攀谈起来。

董沄说道："我个人看来，现在的学者散乱而无条理，或者过分修饰而如同偶人。最糟糕的是，还有很多贪得无厌的人，在这些人看来，'人为财死，鸟为食亡'，贪得无厌，整日争夺于名利之场。我真怀疑是否还有圣贤之学。今天听了您讲的道德修养的学说，就感到像大梦初醒一样。"

二人越谈越投机，不知不觉已经听到雄鸡唱晓，董沄才恋恋不舍地与王守仁告别，下了山。回到家，董沄的心里一直想着与王守仁恳谈的情景。他对王守仁极其钦佩，心想他虽然比自己年轻，但是学识却远远超过自己。要是不能去他门下去学习，真是虚度此生。于是董沄挑着一担谷子，作为给老师的晋见礼，拜师去了。

王守仁哪肯答应啊，他当时仅53岁，比董沄小很多。他说："天下哪有弟子比老师年岁还要大的？我实在受不起啊！"

但是董沄就是不肯罢休，说："当年孔子还拜几岁的儿童为师呢。在学问上无长幼之分，不管你肯不肯接受，这个师我一定要拜。"说着，当场就行了初拜尊长的大礼。董沄的朋友们听到这件事，很不理解，都劝董沄说："你已经老了，何必再自讨苦吃呢？"董沄笑着回道："真正的脱离苦海，就是拜阳明先生为师啊！"

除夕当天，风雪交加。董沄想，每逢佳节倍思亲，老师一人在家，应该非常

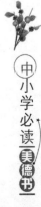

孤独。于是,他不顾家人的劝说,冒着风雪到了王守仁那里,与老师一起在书舍守岁。两人的关系一直很好,董沄敬师爱师,直至 77 岁去世。

# 李时珍与《本草纲目》

李时珍生活距今四百多年的明朝,他是一位了不起的医药学家。

李时珍出生在蕲州东门外瓦硝坝,他从小身体多病,幸亏他父亲是位医生,给他精心调治,身体才好起来。为此,他从小就对父亲非常敬重,也十分热爱医学。

青年时代,李时珍考中了秀才,但是连考三次都没考上举人。从此,他不再应考,立志跟着当大夫的父亲学医。

随着自己水平的不断提高,李时珍慢慢发现前人整理的药书有不少错误。根据这样的医术给人看病,常常会弄死人。比如,有一个大夫错把狼毒当成防葵,另一个医生把勾吻当成黄精,结果就治死了人。医生固然有责任,但原来古代的药书的记录错误也是造成医疗事故的一个重要原因!这件事对李时珍震动很大,从此,年轻的李时珍立下宏伟的志愿,决心重新修订古代传下来的医药大全——本草。编书的过程十分复杂,好在李时珍有一位医术高明、德高望重的父亲,他有什么不懂的问题,都虚心向父亲请教。

一天,李时珍问自己的父亲:"书上记载白花蛇身上有 24 块斜方块花纹,不知道是不是真的。"父亲笑着对他说:"咱们蕲州这个地方就出白花蛇,你去凤凰山捉一条,不就知道了吗?"李时珍心想:父亲说得很对啊。虽然他经验丰富,但也并非事事都知道,都经历过。自己还年轻,为什么不可以进山捉一条白花蛇呢？

为了抓蛇，李时珍请了一个专门捕蛇的张老汉，他俩进了凤凰山。捕蛇人捉到了一条白花蛇。李时珍一看，白花蛇身上果然有 24 块斜方块花纹。

后来，李时珍一直遵循父亲的教导，常常通过实践得出真知，这种办法十分可靠。李时珍为了学习很多书上没有的知识，决定到各地去游历。他先后到过河南、河北、江苏等地，牛首山、天柱峰、茅山等地都留下过他的足迹。

有一次，李时珍听说扬州的太和山上有一种很稀奇的果子叫榔梅。据说，只要吃了这种榔梅就会长寿。为弄个水落石出，李时珍亲自上了太和山，在山间一座破庙里休息，他一边擦汗一边向看庙的老头儿请教："这山中可产榔梅？"

老头儿说："你想采榔梅，那可不能啊！正面山路上皇上派兵守着！"

李时珍哪里肯听？他向老人问清了上山的小路，摸进了山中，采到了榔梅，他仔细辨认了一下，发现榔梅不过是一种榆树类的果实，根本不是什么吃了能长寿的仙果！

38 岁那一年，皇帝命令各地官府把全国各地的名医推荐到太医院。当时，李时珍也被人推荐进京。他原本不愿意进京当太医，听说太医院有很多外界看不到医药书籍，，他才进京任职。李时珍在太医院里饱览了各种药书后，就提出要回家。因为他看够了，看完了。在很多人眼里，李时珍是个大傻瓜！其实，李时珍一点都不傻！他不愿意在京做官的原因是他要回家修订《本草纲目》这本巨著！路上，在经过一个驿站的时候，他见一个赶车的老车夫把一种粉红色的花放到锅里煮。

李时珍问道："老伯，这有什么作用，煮花做什么呢？"

车夫说："我们赶车的人筋骨不好，经常煮点儿旋花汤喝可以治疗筋骨病。"

李时珍立马就把车夫的话记录了下来，无限感慨地说："想不到我从老百姓中得到这么多有用的偏方啊！谢谢您，老伯！"

回家后，李时珍率领着自己的弟子、儿子，经过 37 年的努力，他们从几百

万字的笔记中整理出了一百多万字的《本草纲目》。

因为谦虚，李时珍才学到了那么多的知识。因为谦虚，李时珍才能放下身段和别人学习东西。然而，在学习过程当中我们也一样，一定要谦虚，谦虚才能进步，才能学到更多的知识。

# 拜师不惜身为奴

钟隐是五代南唐时期的一位画家，他从小就喜欢画画。后来，经过名师的指点，他终于有了成就。

"穷在闹市无人问，富在山林有远亲"。钟隐出名之后，每天家中的宾客都络绎不绝，有求画的，有求教的，有相互学习的。当然，也有溜须拍马的，凑热闹的。

要是换做别人，遇到这样的情况，很可能会自鸣得意，沾沾自喜。可钟隐对这一切却无动于衷，每天仍然在书房里潜心作画，除了万不得已，一切应酬的事全让家人代劳。然而，由于他潜心画画，无意当中都把自己的新婚妻子冷落了。

钟隐的妻子嫁给钟隐前，是一位大家闺秀。在娘家时，她就听说钟隐少年得志，十分倾慕他的才华。钟隐的妻子端庄秀丽，人人都说两人是郎才女貌，天造地设的一对。然而，嫁到钟家以后，丈夫虽是才华横溢，对自己也很体贴，只是总觉得他对画画比对自己更着迷，心中渐渐有些不快。

某天，钟隐正在画画。他的妻子悄悄走进书房，给钟隐研墨，钟隐感谢地向她点点头，继续作画。钟隐的妻子几次都想开口说话，但又几次闭口。最后,她实在忍耐不住道:"夫君何必自己困扰自己,你已有万贯家财,又有我。你自己的才华受到那么多人的赞赏,你每天还这么辛苦做什么?"

钟隐放下手中的笔,然后从书架取下一幅画,在妻子面前打开,说道:"你看这上面的鸟画得怎么样?"

妻子说:"我不懂画,说不出什么来。不过那些鸟看着还行,好像翅膀正在动"。

钟隐又取出另一幅画,问道:"你再看看,这幅画你觉得如何?"

妻子说:"和上一幅相比,这幅就感觉有些生硬了。那鸟画得呆头呆脑,像是贴上去的。"

钟隐说道:"还说你不懂,我看你说得很准。前面一幅是别人画的,第二幅才是你丈夫画的。虽说在画山水画上我已经有了点功夫,可画花鸟还差得远呢,你说,我怎能不练习呢?"

妻子的脸红了。从此她再也不让钟隐辍笔了。

钟隐明白,很多东西,自学一年,不如拜师一天。要学画画,就得有一个名师指点,这样才不会走歪路。于是,他四处打听擅画花鸟的名师高手,自己好前去拜师学艺。可是打听来打听去,终是一无所获。

一天,钟隐和自己的朋友侯良一起喝酒。酒到酣处,二人的话也就多了。钟隐诉说了自己的苦恼,并问侯良是否能给引荐个擅画花鸟的名师。侯良说:"这你可找对人了。我的内兄郭乾晖就很擅长画花鸟画。我听我的妻子说,他画的牡丹竟把蜜蜂给招来了。不过,那个人性格怪异,别说收学徒,就连自己画出来的画都不会轻易给别人看。更怪的是他画画还总躲着人恐怕人家把他的技法偷学去。"

然而,钟隐倒觉得郭乾晖十分有意思。既然如此保守,那其中就必定有诀窍。可是怎么才能接近他呢?这倒得费费脑筋了。

钟隐做事一向执著,只要他想做的事情,就一定要千方百计地做成。他四下打听,听说郭乾晖要买个家奴。他想,这倒是个好机会,我何不扮个家奴,一来可以进郭府,二来可以看到郭乾晖画画。于是,他去买了几件奴仆穿的衣

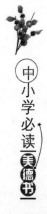

服,打扮成仆人的样子,就到郭府应征。

应征的管家对钟隐十分满意,把他带到郭乾晖面前,说道:"老爷,您不是想找个伺候您的仆人吗,我看这个年轻人长得利索,聪明,你可以留在跟前。"

郭乾晖上下打量了一下钟隐,看他医生粗布麻衣,脚穿大草鞋,然而他那张细皮嫩肉、聪慧灵气的脸,却与众不同,问:"你是当地人吗?"

钟隐回答:"不,我是外地人。我本想进京考试。但不幸在路上把盘缠丢了,只好暂时与人为奴,挣够了路费便走。"

郭乾晖心想:眼力不错,果然是个读书人。说道:"那就留下吧,我也不会亏待你的。但有一样,让你做的你一定做好,不让你做的你绝不许做。"

钟隐满口答应,就这样,他进了郭府。在郭府,钟隐什么活都干,端茶递水,打扇侍候,什么杂活儿都干。他毕竟是富家子弟,一切生活起居从来都是由别人照顾,哪里干过这些粗活,一天下来,累得腰酸腿疼。唯一使他感到安慰的是他看到了一些郭乾晖画的画,那可真是名副其实的上乘之作。

为了看到郭乾晖作画,钟隐想尽办法坚持不离郭乾晖左右。然而,每次画画的时候,郭乾晖不是让他去干这,就是让他去干那,总是想法设法打发他离开。就这样,钟隐虽然卖身为奴,还是没有看到郭乾晖作画。

两个月过后,钟隐依旧一无所获,几次他都产生了走的念头,但心中又总是还有一线希望使他留下来。

钟隐并没有把自己卖身为奴去学画的事情告诉任何人,就连她妻子也只是知道他出远门会朋友。钟隐毕竟是个名人,每日高朋满座。可这些日子,朋友来找他,家人都说他出门了。问去哪儿了,又都说不知道。

一两次还能搪塞过去,可时间一长,人们还是起了疑心。最后连钟隐的家人也是疑心重重,下决心非要找回他不可。

一天,郭乾晖外出游逛,恰好听人家说名画家钟隐失踪了两个月了。听完人家对钟隐岁数和相貌描述后,郭乾晖觉得这个人好像在哪儿见过。细一想,原来就是家里那个年轻人啊,他也正好来家里两个月。

郭乾晖恍然大悟:难怪他总想看我作画,不过收到这样一个徒弟也是后继有人了。

　　郭乾晖急忙回家，把钟隐叫到书房，说："不用隐瞒了，你的事情我听说了。你为了学画不惜屈身为奴，实在使老夫惭愧。我多年来不教学生，自有我的道理。今天遇到你这样的年轻人，我也不能不破例，将来你会前途无量的。"

　　钟隐终于以执著的求学精神感动了郭乾晖，名正言顺地成了他的学生，郭乾晖把自己多年的体会和技艺毫无保留地传授给了钟隐。过于自傲的人，往往是一个最糊涂的人。不仅难以保存自己的优势，相反会步入万劫不复的雷区。

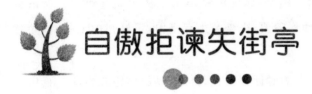

# 自傲拒谏失街亭

　　诸葛亮平定南中之后，又经过两年准备，公元 227 年冬天，就带领大军驻守汉中。因为汉中接近魏、蜀边界，在那里可以随时找机会进攻魏国。离开成都的时候。他给后主刘禅上了一道奏章，要后主不要满足于现状，妄自菲薄；要亲近贤臣，疏远小人；并且表示他决心担负起兴复汉朝的责任。这道奏章就是历史上有名的《出师表》。

　　不久，诸葛亮采用声东击西的办法，传出消息，要攻打郿城，并且派大将赵云带领一支人马，进驻箕谷，佯装要攻打郿城的样式。魏军得到情报，果然把主要兵力去守郿城。诸葛亮趁魏军不备亲率大军扑向祁山。蜀军经过诸葛亮几年的严格训练，阵容整齐，号令严明，士气十分旺盛。自从刘备死后，蜀汉多年没有动静，魏国毫无防备，这次蜀军突然袭击祁山，守在祁山的魏军抵挡不住，便向诸葛亮求降。

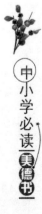

那时候，魏文帝曹丕已经病死。魏国朝廷文武官员听到蜀汉大举进攻，都惊慌失措。刚刚即位的魏明帝曹叡比较镇静，立刻派张郃带领五万人马赶到祁山去抵抗，还亲自到长安去督战。诸葛亮到了祁山，决定派出一支人马去占领街亭，作为据点。让谁来带领这支人马呢？由此，引出了马谡自傲，而丢失军事要塞街亭的结局。

马谡这个人确实读了不少兵书，平时很喜欢谈论军事。诸葛亮找他商量起打仗的事来，他就谈个没完，也出过一些好主意。因此诸葛亮很信任他。但是刘备在世的时候，却看出马谡不大踏实。他在生前特地叮嘱诸葛亮，说："马谡这个人言过其实，不能派他干大事，还得好好考察一下。"但是诸葛亮没有把这番话放在心上。这一回，他派马谡当先锋，王平做副将。

马谡和王平带领人马到了街亭，张郃的魏军也正从东面开过来。马谡看了地形，对王平说："这一带地形险要，街亭旁边有座山，正好在山上扎营，布置埋伏。"

王平提醒他说："丞相临走的时候嘱咐过，要坚守城池，稳扎营垒。在山上扎营太冒险。"马谡没有打仗的经验，自以为熟读兵书，根本不听王平的劝告，坚持要在山上扎营。王平见劝马谡没有用，只好央求马谡拨给他一千人马，让他在山下临近的地方驻扎。

张郃率领魏军赶到街亭，看到马谡放弃现成的城池不守，却把人马驻扎在山上，暗暗高兴，立刻吩咐手下将士，在山下筑好营垒，把马谡扎营的那座山围困起来。马谡几次命令兵士冲下山去，但是由于张郃坚守住营垒，蜀军没法攻破，反而被魏军乱箭射死了不少人。魏军切断了山上的水源。蜀军在山上断了水，连饭都做不成，时间一长。自己先乱了起来。张郃看准时机，发起总攻。蜀军兵士纷纷逃散，马谡要管也管不了了，最后，只好自己杀出重围，往西逃跑。街亭的丢失使他铸成大错。

诸葛亮回到汉中，经过详细查问，知道街亭失守完全是由于马谡违反了他的作战部署，并自傲地拒绝了王平的正确建议。军法不容，因此，将马谡下了监狱，定了死罪。

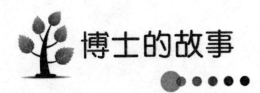

# 博士的故事

张博士在一个研究所工作,在所有人当中,他的学历最高。一天,他独自一人到单位后面的小池塘去钓鱼,正好正副所长在他的一左一右,也在钓鱼。

张博士在心里想:听说他们两个所长也就是本科学历,大家的价值观根本不在一个层次,没什么好聊的。他只是朝两人微微点了点头。

没多久,正所长放下钓竿,伸伸懒腰。然后蹭蹭蹭地从水面上如飞似的跑到对面上厕所去了。张博士的眼睛都亮了,心想:"水上漂,不会是真的吧。"正所长上完厕所回来的时候,同样也是蹭蹭蹭地从水上漂回来了。

张博士刚才没去打招呼,现在也不好开口,因为自己是博士啊!没过多久,副所长站起来了,走了几步,也迈步蹭蹭蹭地漂过水面上厕所了。

现在张博士更加不解了:难道自己来到了一个高手集中的地方。过了一会儿,张博士也内急。然而这个池塘两边有围墙,不走直线的话得十多分钟的路程,而回单位上又太远,怎么办?

张博士也不愿意去问两位所长,憋了半天后,于是鼓起勇气,心想:"就不信两个本科生能过去我这个博士就不能过去!"

只听"扑咚"一声,张博士不见了。这时,两位所长赶紧将他拉了出来,问他为什么要下水。张博士反问道:"你们不是踏着水过去的吗?怎么我就不行?"

两位所长相互笑了笑,然后其中一位说道:"这池塘里面有两排木桩,由于这两天下雨涨水,桩子正好在水面下。我们都知道木桩的位置,所以能过去。而你不知道,也不问一声。"

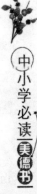

中小学必读 美德书

没有人喜欢骄傲自大的人，这种人很难受到别人的欢迎。只有谦虚能把我们放在正确的位子上。只有谦虚，同学才会喜欢，才会乐于和自己相处，才能有更多的小伙伴。

# 孔子的谦虚

孔子学识渊博，是我国古代著名的大思想家、教育家，但他从不自满。孔子带着自己的弟子周游列国时，曾经在去晋国的路上遇到一个七岁的孩子拦路。孩子要孔子回答两个问题。一是，鹅的叫声为什么大。孔子答道：鹅的脖子长，所以叫声大。孩子说道：青蛙的脖子很短，为什么叫声也很大呢？孔子听后无言以对，只好惭愧地对自己的学生说孔子无言以对。他惭愧地对学生说，我不如他，他可以做我的老师啊！

一天，还是在去晋国的途中。一个孩子在路当中玩，挡住了孔子的马车。孔子说："孩子，你不应该在路上玩的，你挡住了我们的马车！"孩子指着地上说："这位老人家，你看看地上是什么东西？"

孔子一看，说道："一座用碎瓦片搭建起来的城。"

孩子又说："那你说应该是城给车让路，还是车给城让路。"

孔子觉得这孩子很懂得礼貌，便问他叫什么名字，孩子说："我叫项橐，7岁！"

孔子对学生们说："虽然项橐只有七岁，但是他懂礼，可以做我的老师啊！"后来，孔子绕道而行。

孔子的弟子子路性格直率，过于鲁莽，很多时候不懂谦虚礼节。因此，孔子常常批评或教训他。一次，子路、曾晳、冉有、公西华四个人陪孔子闲坐，孔子说："你们平时都很喜欢说'没有人知道我呀！'假如有人知道了你们，你们打算怎么办呢？"

子路回答说说："一个拥有一千辆兵车，夹在大国之间，加上外国军队的侵犯，甚至还赶上荒年。这样的国家给我治理的话，我只需要三年的时间就可使人人勇敢善战，而且还懂得做人的道理。"

孔子听了微微一笑，说："治理国家要讲礼让，但是呢，子路说话的时候一点都不懂得谦让，怎么可以治理好国家啊。"

一次，孔子带着自己的学生去祭祀。才进门，他就看到一个非常引人注目的器，据说这是一种盛酒的祭器。学生们十分好奇，纷纷提出疑问。

孔子没有回答，却反问庙里面的人："请问，这时什么器皿？"守庙的人一见这人谦虚有礼，说："夫子，就是放在座位右边的器皿呀！"

孔子听后，口中不断重复念着："座右""座右"。然后对自己的学生说："放在座位右边的器具，当它空着的时候是倾斜的，装一半水时，就变正了，而装满水呢？它就会倾覆。"

听了孔子的话后，学生都用目光看着他，然后又看着那新奇的器。孔子知道大家的心思，于是就问："你们要是不相信的话，可以提点水放到器里试试吧！

学生把水提来灌进去后，那器具果然就正了。

孔子立刻对他们说："看见了吧，这不是正了吗？"

大家点点头。他又让学生继续往器具里倒水，器具中刚装满了水就倾倒了。

孔子说："器皿是因为水满才倾倒的！"

那位直率的子路率先发问："难道就没有办法使他不倾倒吗？"

孔子语重心长地说了一句："世上绝顶聪明的人，应当用持重保持自己的聪明；功誉天下的人，应当用谦虚保持他的功劳；勇敢无双的人，应当用谨慎保持他的本领。这就是说，应该用退让的办法来减少自满。"

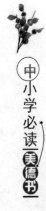

# 谦虚道理人人皆知

有些人认为，谦虚的人是弱者，这是错误的。其实，不懂的谦虚的人才是弱者。谦虚的人不会把别人的功劳懒在自己的头上。

一辆马车正在行驶，然而车轮子却吱吱地叫苦不迭。此时，已经很累的马儿就问："我的朋友，你为何这样叫，很痛苦吗？"

这时候，车轮子很生气地回答说："难道你看不见我的肩膀上拉着满满一车东西吗？哎！这样的日子过得真难受"

马儿听了十分奇怪，转头对着车轮说："车好像是我拉动的吧，你都不需要力气，真不明白你为什么要如此连声抱怨？"

《尚书·大禹漠》上有说："满招损，谦受益"。这是一条被世人奉为真理的名言。桃李不言，下自成蹊，只有谦虚才能得到别人的肯定。谦虚是一种十分难能的人格修养，它必须以为社会付出艰辛的劳动为前提。当然，你的劳动也可能不被认可。

因此，要想成为谦虚的人，有谦虚的品格，我们就需要有坦荡的胸怀和足够的勇气。正如臧克家评价鲁迅时所说的话一样，只要春风吹过的地方，到处是青青的野草。一个真正将谦虚谨慎作为最重要的人格修养的人，他的生命一定富有创造力。此外，谦虚还是一种踏踏实实学习的作风。当今社会伴随着知识经济的步伐而来的是一场学习的革命。生活当中有各种各样的新思想和新知识，我们不应该视而不见，更不应该故步自封，而是应该静下心来学习，虚心学习新知识。

随着知识获取越来越容易，人们开始在学习内容的选择和学习体会的深入上变得十分麻木和困惑，这也要求人们要有十分踏实的学风。我们可以好好想想，为什么苏格拉底死时还说自己一无所有？正是因为他谦虚。

谦虚还是一种美德，懂得谦虚的人才能学好功课，才能走向成功。任何成果都不是从天而降的，它是客观环境、别人帮助还有自我努力共同作用的结果。一个真正谦虚的人会十分谦逊地对待别人，设身处地地为别人的利益着想，而不是过分地关注自己的利益。谦虚的人，通常都有一颗感恩的心。

人只有懂得思源才能够感恩。谦虚的人明白，自己的成绩离不开别人的帮助。在这个日新月异的时代，我读书人和工作的人一样，每个人都处在逆流当中。要是不谦虚，不努力，不进步，就很可能后退。

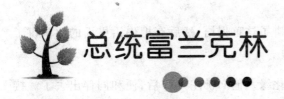

# 总统富兰克林

富兰克林被称为美国的国父。在谈起他的成功时，他说自己的成功都源于一次拜访。在富兰克林年轻的时候，一位前辈请他到一座低矮的小茅屋中见面。

富兰克林来了，他挺起胸膛，大步流星，进门时只听"砰"的一声。富兰克林的额头狠狠地撞在了门框上，顿时肿了一大包，疼得他哭笑不得。

那个老前辈看到富兰克林这幅样子，看了看说："很疼吧？不过恭喜你，今天你有了一个最大的收获，那就是一个人要想洞察世事，练达人情，就必须时刻记住低头。"

富兰克林把这次拜访当成一次悟道，把这次家训深深地记在心里，把谦虚作为自己一生的行为准则。

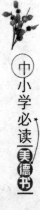

# 利弗尊者谦虚的故事

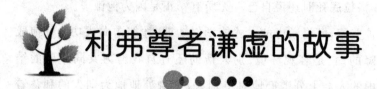

如大地一样平和

如门柱一样坚固

如无淤泥池水的清洁

阿罗汉者不再轮回

——《法句经·第九五偈》

佛陀住在祇园精舍的时候,讲了这首偈语,然后有把偈语里面的故事讲了出来。

一次,舍利弗尊者想要出去化缘。他向佛陀拜辞后,便和同伴出去了。接着便有很多比丘都前来与舍利弗道别。出发前,舍利弗都会念出每位比丘的名字和家族姓氏。然而,当时其中一位比丘因为舍利弗没有念自己的名字就耿耿于怀。

还有一次,舍利弗从这个人身边走过的时候,身上的袈裟不小心掠过他的身体。这事情加重了他对舍利弗的愤恨。

这天,当他知道舍利弗刚刚离开寺院后,就像佛陀告状:"世尊!舍利弗尊者,他觉得是你的大弟子,然后就打了我一拳,差点伤了我的耳朵,没有向我道歉,反而去外面化缘去了。"佛陀听后,就叫回了舍利弗尊者。

舍利弗尊者及其他人来到佛陀面前,向佛陀拜礼,然后就恭敬地坐在一边。佛陀问起这件事情的时候,舍利弗没有为自己争辩,反而叙说了自己的为人。

舍利弗叙说自己的为人的时候，那位诬赖他的比丘立刻充满了懊悔。他跪在佛陀的脚下忏悔，承认了自己的蓄意诽谤。

佛陀听完那个比丘尼的忏悔后，说道："其实，舍利弗已经宽恕你了。"

这时候，舍利弗尊者走到那个僧人面前，向那个比丘道："同道！我已经宽恕你了，假如我还有什么不对的地方，也请你宽恕我。"这时，众比丘说："这就是舍利弗尊者的过人之处啊，他对这位欺骗和诽谤他的人不但不感到愤怒，反而还向他赔礼道歉。"

# 谦虚

在自己 10 岁生日那天，阿道夫·贝耶尔原以为父母会像其他小朋友的父母一样给他准备一场热闹的庆祝。可是这天，他的母亲一大早就带着他到了外婆家，在那里消磨了一整天，根本没有提过生日的事。

为此贝耶尔一直不高兴，回家的时候一直嘟着嘴。母亲见她不高兴，就说："我生你的时候，你爸爸已经 41 岁了，而且是个大老粗。现在，你的爸爸已经 51 岁，可还是和你一样正在努力读书，他明天还要考试。我不想因为你的生日而耽误了他的考试，时间对他来说实在太宝贵了。你现在还小，应该从现在开始就好好学习。"

母亲的话，就像雨露一般，句句滋润着贝耶尔幼小的心灵。贝耶尔曾经回忆道："那就是妈妈送给我的 10 岁生日的礼物。"

贝耶尔在大学读书时，有机化学家贾拉古教授在德国很出名。因为贾拉古教授很年轻，所以常常有一些科学界同僚提出这样那样的问题挑剔他。一天,贝耶尔和自己的父亲谈起了贾拉古教授。

贝耶尔说:"贾拉古教授比我大 6 岁……"贝耶尔想表达的意思是说贾拉古也没有什么了不起。

贝耶尔的父亲听了十分不满意,对自己的儿子说:"比你大 6 岁怎么了,难道不足以让你学习吗?我在学校上地质学的时候,老师的年龄比我小 30 岁,我还是一样恭敬地称他为老师。你应该记住,年龄与学问不一定成正比,不论是谁,只要对方比你强,你就应该虚心向对方学习。"

一个能虚心向别人学习的人,才能学到东西,才能进步。

# 勤俭——成就梦想的基石

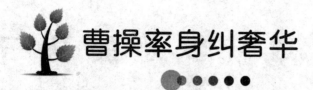

# 曹操率身纠奢华

　　曹操,也就是魏武帝,汉魏之际著名的政治家、军事家和文学家。曹操先后削平吕布、袁绍等割据势力,逐步统一了北方。他在北方屯田,兴修水利,解决了军粮缺乏的问题,对农业生产的恢复有一定的作用。此外,曹操还能唯才是用,抑制豪强,极大地发展了统治地区的经济。

　　当时,中原地区遍地狼烟,人口大量死亡,社会经济遭到极大地破坏。就在这时,执掌大权的曹操力倡节俭,以身作则改变奢华之风。

　　出身于官宦之家,一生雅性节俭,不好华丽,十分注重自己言行的表率作用。他曾经在自己的《内诫令》中提到:"孤有逆气病,常储水卧头,以铜器盛,臭恶。前以银作小方器,人不解,谓孤喜银器,今以木作。"意思是说,曹操本人身患疾病,常常需要冷水,所以经常用银器盛水,以防恶臭,这不是什么大事。但是曹操觉得很多人可能会因此而误解自己,所以他改用了木制的容器来装水。此外,他在《内诫令》中还提到:"吾衣被皆十岁矣,岁岁解浣补纳之耳。"衣被皆用十年,坏了补纳后再用,其廉俭可嘉。

　　曹操准备骑兵的时候,曾"散家财,合义兵",后来也不在意家产的经营。征战得来的财富和珍惜之物,他多是分给自己的臣子。建安十二年,曹操还将自己的封邑所得的田租全部分给部下。曹操还任用清正廉洁的崔琰等主持官员选举,他们"务以俭率人,由是天下之士莫不以廉洁自励,虽贵宠之臣,舆服不敢过度"。对于东汉后期的买官之风,曹操下令道:"今清时,但当尽忠于国,效力王事。虽私结好于他人,用千匹绢、万石谷,犹无所益。"经过曹操的整顿,朝廷上下气象一新，"贵者无秽欲之累，贱者绝奸货之求，吏洁于上，俗移乎下"。在婚丧习俗上，曹操更是身体力行，力抓奢华风气。据《傅子》记载："太祖恶嫁娶之奢僭，公女适人，皆以皂帐，从婢不过十人。"曹操嫁女的时候，只用了黑色的帷帐，率先垂范。曹操在建安十年平定河北后，"令民不得复私仇，禁厚葬，皆一之以法"。生前，曹操就安排好了自己死后的事情，一切从简，预先作好送终衣服，按春、夏、秋、冬分装于四个衣箱内，嘱咐说："如果我死了，金珥珠玉铜铁之物，一样也不得陪葬。"在临终前的遗令中，他重申此意："敛以时服，无藏金玉珍宝。"

曹操在很短的时间里面就纠正了东汉的奢华贪秽之风，与他正身以率下的作风有着密不可分的关系。此外，他的这种政风，为他积累人才，收服人心，统一北方产生了很大的影响。

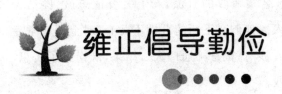

# 雍正倡导勤俭

雍正皇帝对那些清廉刚正的官员一向十分爱惜。

雍正期间，浙江总督李卫以廉洁著称。为此，雍正帝还曾赐他御书"公勤廉干"匾额一方。李卫十分反对官场积习，无所瞻顾，不徇私情，不避权贵。因此，得罪了很多朝中官员。虽然这些人常常串通告状，但雍正帝向来心中有数，他指出：李卫粗率狂纵，人所共知，但他却是刚正之人。

虽然雍正十分爱惜清官，但他的爱，绝非愚爱。雍正曾经这样说过，做官的人要是不做事或者做不好事情，哪怕人品再好，也是木偶一样的东西。直隶吴桥知县常三乐，廉洁安分，也没有什么过错，但是他胆小软弱，以致地方好多

事久拖不决,工作难有起色。

直隶巡抚李维钧要把常三乐从县令职位上调开,吏部却认为常三乐没有什么劣迹而不予批准。雍正帝知道这件事后,指出:常三乐做官太过软弱,实属失职,应该罢免官职才是。由此,雍正帝不仅仅要求为官者清廉刚正,而且还要有真实的才干。为了给自己培养一群高效的官吏队伍,雍正帝还让文武百官给自己荐举人才。

雍正帝虽然要求为官者清廉,但他极其厌恶借清廉之名而沽名钓誉的人。雍正帝指出:"取所当取不伤乎廉,用所当用不涉乎滥。固不可竣削以困民,亦不必矫激以沽誉。"意思是说,拿自己应该得到的钱财不算不廉,用自己应该用的钱不算滥用。所以,应该既不剥削百姓,也不伪饰清廉而沽名钓誉才行。

在官场上,确实有存在着沽名钓誉的现象。当时,官场当中有着这样一个术语——名利兼收。对此,雍正皇帝这样分析道:"所谓名者,官爵也;所谓实者,货财也。"接着,雍正皇帝又进一步指出:"今之居官者,钓誉以为名,肥家以为实,而云名实兼收。"也就是说,名实兼收的官僚,看上去公道忠诚、廉洁无私,实际上他们都是善于钻营的人。他们对下面的百姓不关心,对上司非常专心,甚至暗通关节,私受请托,巧吞钱财,很是神通广大。结果,既捞到了实惠,又博得了美名,可谓真是名利双收。

为了推行廉政,雍正帝还以身作则,用实际行动来号召大家。雍正帝素喜清淡,"御膳"经常是烧豆筋、炒豆芽等几个简单的素菜,外加一碗糙米饭。甚至掉了一粒米饭都要捡起来吃掉,没有夹过的菜则下顿回锅热热。连李卫都感叹皇帝太"寒碜",雍正帝则淡淡一笑:"朕富有四海贵为天子,何物不可求?何膳不可进?由俭入奢易,由奢返俭难啊!"

雍正一生从没有去过承德避暑山庄,更没有到江南做过巡幸活动。就算他不得不去拜谒祖陵时,都不同意在沿途安放过多的临时设施,稍有花销,他就认为是过奢之举。因此,他对群臣进献上来的稀宝基本是不以为然,反倒认为:"行一利民之政,胜于献稀世之珍也;荐一可用之才,胜于贡连城之宝也。"

雍正帝指出:"世人无不以奢为耻,以勤俭为美德,若诸臣以奢为尚,又何以训民俭乎?"就是说,使人都反对骄奢淫逸,都把勤俭当作美德。要是大臣们都把奢侈作为风尚,那还怎么去教导下面的百姓啊?

　　毫不夸张地说,雍正是一位胆识皆备、办事雷厉风行的皇帝。他有令必行,有禁必止。在位三十年间,他励精图治,在施政的各个方面实行改革,取得很大成效。其中成效就是打击贪污腐败行为,力倡廉政,整饬吏治等举措。这些巨举措在一定程度上革除了康熙王朝后期遗留下的虚诈不实的官场弊端,为"雍正改元,政治一新"打响了第一枪,为乾隆初期的发展奠定了基础。

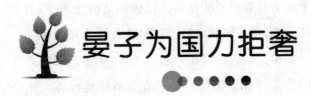

# 晏子为国力拒奢

　　晏子,字平仲,夷维人,春秋时期的齐国大夫。晏子历任齐灵公、齐庄公、齐景公三朝大夫,辅政长达四十多年,是春秋时期重要的政治家、思想家、外交家。

　　晏子非常有政治远见,外交才能非凡,爱国忧民,敢于直谏,在全国有着极高的声誉。孔子曾经称赞晏子说:"救民百姓而不夸,行补三君而不有,晏子果君子也!"此外,后来的司马迁和刘向也都非常推崇晏子,将他著名政治家管仲一并相提。

　　晏子生活的时代是个动荡不安,诸侯割据,各分天下的时代。当时,桓公的霸业开始走下坡路,国内内政不修,社会矛盾日益凸现,国内大部分山林、土地、渔盐渐渐被官家垄断,而"民三其力,二人于公,而衣食其一",致使"齐国丈夫耕,女子织,夜以继日,不足以奉上"。而统治者呢,天天声色犬马,生活醉生梦死,纵酒淫乐,对于维护秩序,只是用残酷的刑罚。

但晏子不是这样,他没有沉浸在声色犬马的奢浮生活中,他洁身自爱,厉行节俭,为后世景仰。

晏子崇尚节俭,注重率先垂范。面对齐国上下的奢侈成风,他竭力靠自身的节俭、自律,实践自己的原则,并希望通过自己的艰苦朴素来影响社会风气。他坚持住祖先传下来的、临近喧闹市场的房子里。齐王觉得晏子住的房子低矮潮湿,与他的身份极不相称,所以打算给他一块高爽之地,修造高门大屋。但晏子回绝了,他依然坚持乘坐老马旧车,吃饭也只是一荤一素。有人说这样太过寒酸,他回答说自己的生活比一般士人强多了。就在自己临终前,晏子还谆谆告诫家人,丧事从简,杜绝厚葬。

作为齐国的政治家,晏子身上有着强烈的社会责任感。他勇于谏诤,敢于批评统治者的奢靡,力图兴利除弊,薄敛轻赋,减轻刑罚,让百姓休养生息。

齐景公十分嗜好歌舞,经常和女乐倡优混在一起。一次,乐不思政的齐景公问晏子,自己是否可以像桓公那样称霸诸侯。晏子直言不讳地回答:"桓公十分注重选贤任能,他以鲍叔牙、管仲为左膀右臂。而大王现在你呢,左抱倡右拥优。此外,你还喜欢别人的谗言和拍马屁。这样的作为,怎么能像桓公一样称霸呢!"

景公听了,不但没有接受劝诫,而是变本加厉,大建亭台。当时,正值秋收季节,很多民工都不能回去收割,人人都是敢怒不敢言。一边是人们在内心叫苦不迭,一边是齐景公为亭台开工大办酒宴。晏子每次前往陪侍,都忧心忡忡。一次,酒过三巡后,晏子即席起舞,唱道:

岁已暮矣,而禾不获,忽忽矣若之何?

岁已寒矣,而役不罢,憊憊矣如之何?

接着他流下了热泪。

这次,齐景公终于有所触动,感到不安,下令停止了亭台的修建。晏子凭借自己的智慧将一场宫廷的饮宴歌舞,变成了一次有具体政治内容的讽谕舞,收到了一般手段无法达到的社会效果。

一次,齐景公因天空出现彗星而惶恐不安,便派人祈祷。晏子得知后,对齐景公说,大王你只要一心推行德政,就用不着怕慧心的出现了? 反之,要是大王你不推行德政,祈祷也无济于事。

一次,齐景公病了,要大举祈祷。晏子知道后,还是力排众议,极力劝说景公把精力从祈祷上苍转到实行德政上来,还对提出了一些改革建议:去禁、毁关、修德、宽政、薄敛、减免穷人积欠的租税。

晏子这种勇于直谏,严于律己,生活上不攀比、低标准的作风,这种厉行节俭的高尚情操,无疑是那个奢靡世界里难能可贵的精神。他的种精神一直被传为佳话,对后世有着深远的影响。

后世司马迁为其立传之后,感叹到:要是晏子活在这个时代,我一定为他效犬马之劳!

# 不平凡的夫人

冯玉祥是个极具传奇色彩的人物,而他的结发之妻刘德贞也是一位了不起的人物,被誉为"平民夫人"。

冯玉祥的妻子刘德贞是河北沧州人,从小受良好教育,贤良聪慧。1905年,刘德贞在时任旅长的姑夫陆建章家中和冯玉祥结婚。

两人结婚后,冯玉祥戎马关山,南征北战,根本无暇顾及家庭。然而,刘德贞却无任何怨言,独自一人承担起了全部家务。她先后共生有两男三女,独自抚养他们一一长大成人;她从未雇用过保姆,也决不乱花一分钱。全家人的衣服,都是她自己一针一线亲自缝制,就连冯玉祥穿的鞋子也是她做的。她照料孩子,洗衣做饭,精心安排着柴米油盐。不论在生活当中遇到什么困难,她从来不在冯玉祥面前说声苦。冯玉祥当了将军后,她和自己的孩子还是身穿粗布大褂,吃粗茶淡饭。偶尔吃顿白菜猪肉,也是在逢年过节之际。至于家中用品,也全是粗瓷碗钵,杂木桌凳,硬板床铺,粗布被褥。可以说,她家的生活和平常百姓人家的生活没有什么区别。

冯玉祥十分注重教育,他在河南当督军的时,一到任就把没收来的2000万元充作了教育经费,把不少庙宇改成了学校。为此,连吴佩孚都骂他是"赤化"行为。冯玉祥到北京后,用钱购买了一块地,然后又买来石木工料,建了小学,专门供无家可归的阵亡官兵子弟和驻地适龄儿童读书。临开学前,他听说学校还缺少一批体育器械和床铺被褥,又即派人到他家中去要钱。可冯玉祥哪里知道,他的妻子早已将自己一点一滴积攒的钱全部用在了丈夫建校上。这时,冯玉祥便派了三辆汽车到自己家中,将家具之类全部拉到当铺去当掉。刘德贞为了居家过日子,自然有许多苦衷,但最后还是同意了丈夫的行为。

冯玉祥不仅创办了小学,还创办了妇女培训学校,为妇女的翻身解放而努力。妻子刘德贞极其支持丈夫的义举,不但自己带头入校学习,还挨家串户动员其他妇女前来学习。每次出门,她都是徒步而行,不乘车、不坐轿,不带护兵马弁,没有半点官太太架子,也从不穿绫罗绸缎。和其他学员一样,她一面刻苦学习,一面劳动,织布、缝纫,犒赏驻军官兵。大家看到她如此朴实、亲切,都高兴地称她为"平民夫人"。

可惜,好人命短,这位"平民夫人"在1923年因伤寒病去世,时年刚过40岁。

冯玉祥在收拾自己妻子的遗物时,只见她件件都是粗布衣衫,有的还打着不少补丁。掀起枕头,下面别说珍贵首饰,就连一文钱也没有。冯玉祥回顾他们近20年的恩恩爱爱,放声大哭:"德贞啊,你走了,分文没带……"

# 鲁人尚节俭

春秋时期的鲁国人生活十分艰辛、贫寒，以种地为生，靠天吃饭。丰年时候要储备下几斗粮食，以备歉年饥荒。

鲁国地少人多，大多人从事农业，根本没都少土地可供分配了。在《庄子·让王》中有这样一段记载：

一次，孔子对颜回说道："颜回，你家那么贫穷，为什么不去做官啊？"

颜回答道："我不想做官，我有郭外之田 50 亩，足够我吃吃喝喝了；郭内之田 40 亩，足够供我穿衣。"颜回只有 90 亩地，还分在两处。当然，颜回不一定是奴隶，也可能是自由民。但鲁国的农人难以像其他地区的人那样分到 100 亩地，当是史实。

要是按一家 100 亩算，他们一年能收多少粮食呢？

对于这个问题，当时在魏国主持变法的李悝算过：一夫挟五口，种田 100 亩，亩产 1.5 石，计 150 石。

接着，李悝又列出了一份开支表：租税：十分之一，15 石；口粮：每人每月 1.5 石，全家全年 90 石；衣服：每人每年 300 钱，全家全年 1500 钱，折合粮食 50 石；祭祀：每年 300 钱，折合粮食 10 石。

开支缺口是 15 石。井田制下，100 亩的收入全归农人所有，不交税。这样，农人正好收支平衡。

《禹贡》一书中把九州土地划为三等九级，魏国所在的豫州为"中上"，居第二等中的首位；鲁国所在的兖州属"中下"，为第二等中的末位。

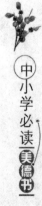

在魏国，五口之家有 100 亩地，只是刚刚够衣食开销；在鲁国，五口之家种 100 亩，则温饱都解决不了，更何况鲁国人均还达不到 100 亩。因此，有 90 亩地的颜回只能住在破烂的小巷子里，一小筐饭一瓢凉水便是他的一顿饭。

在鲁国，食不饱腹，衣不遮体的人有很多。然而，鲁国的官员十分节俭，他们以节俭为荣，极其体恤民情，因为他们怕引起民愤。

一次，孔子的弟子林放问礼的本质是什么，孔子说："你问的问题意义太大了。一般的礼仪吧，与其铺张浪费，宁可朴素俭约；就丧礼而言，与其仪文周致，不如悲痛万分。"

鲁庄公按照惯例，在齐国定下了自己的婚姻大事。一天，新娘子哀姜就要来了，他想把宫殿装饰一下，以示喜庆。于是就命人把宫殿的立柱涂成红色，柱头雕刻上一些花纹。在其他诸侯眼里，这点修缮实在是微不足道。可在鲁国大臣眼里，他们觉得庄公此举已经背离了节俭的传统。当时，掌匠大夫御孙更是直言不讳的说道："先君节俭而君奢侈如此，道德沦落，痛哉！"

节俭是一种美德，是我们中华民族传承了千年的传统。我们应该从下学会节俭，从自己做起，从身边做起，不铺张浪费。

# 陈嘉庚的节俭与慷慨

陈嘉庚 1874 年 10 月 21 日出生于集美，1961 年 8 月 12 日病逝于北京，享年 88 岁。他的墓地在鳌园。在去鳌园的路上，经过"归来堂"，关于这座建筑，有这样一段故事：陈嘉庚是位多子女的父亲，弥留之际曾嘱咐家人，建一座小祠堂，让海外回来的子孙有个聚会的地方。周恩来知道他的遗嘱后，指示有关部门为他动工兴建了这座"归来堂"。堂前有先生的铜像,高23米,一手执杖,一手拿帽,行色匆匆。铜像背后的墙上,有毛泽东的题词:"华侨旗帜,民族光辉"。

陈嘉庚一生勤俭节约,他把在外国挣来的钱都捐给了祖国文教事业,得到很多人的尊敬。

福建的集美是个美丽干净的地方,高大的行道树在微微的海风里婆娑起舞。陈嘉庚先生创办和资助的学府就隐藏在绿树红瓦龙脊凤檐之中。

陈嘉庚故居的院子的中央有一棵陈嘉庚手植的龙眼树,枝叶茂密,生机勃勃。他的故居为一幢二层小楼,陈列着先生俭朴生活的用具。走近陈列橱,看到他用过的一把布伞。这个伞是他自己从南洋带回来的,已经用了很多年。一次家人说伞太旧了,换一换,他坚持说:"不像样了没什么,只要能用就好了。"还看到他的一只用破瓷杯做的烛台,家人建议买一只新烛台,他不许,说:"该花的钱多少都得花,不该花的钱分文都不能浪费。"陈嘉庚先生的故居是福建省爱国主义教育基地,接待着全国各地的游客。

陈嘉庚先生从17岁开始就去南洋学商,他说:"财富由我辛苦得来,亦当由我慷慨捐出。"为了公益事业,他集资千万。1913年,陈嘉庚先生创办了集美小学,以后又办师范、中学、水产、航海、商业、农林等学校。解放时期,周恩来亲自下命令:集美学校是陈嘉庚创办的,一定要保护好。

陈嘉庚先生一生给中国的文化教育事也捐赠了15亿元,临终前,他还给国家捐献了300多万。

陈嘉庚一生为中国的教育事业做出了巨大的贡献,为中华民族的子孙后代创办了无数的学校,培养了无数的人才。

# 毛主席的节俭之风

伟大的毛主席生活简朴,一生粗茶淡饭,睡硬板床,穿粗布衣,一件睡衣缝缝补补73次,穿了20多年。中国经济困难时期,他主动减薪、降低生活标准,不吃肉和水果。

上世纪60年代的一天,他召开会议到中午还没有结束,所以留大家吃午饭。吃饭时,餐桌上只有一盆肉丸炖白菜、几小碟咸菜,以及一些烧饼。

美国记者斯诺在延安采访时,看到毛主席等中共中央领导人吃的是粗糙的小米饭、穿的是用缴获的降落伞改制的背心、住的是窑洞时,感慨地称赞道:"兴国之光"。

对于伟大毛主席的节俭生活,毛主席的管家是这样描述的:

从1964年到1976年间,我一直在主席家做管家。主席的家要说好管也好管,主席一分钱不拿,也不过问你怎么花。要说不好管,该花钱的地方,必须花,主席买盒火柴、买包手纸都要花钱,一分钱也少花不了,主席在外面喝一杯茶,我都必须去结账。主席的工资原来是610元,后来遇到了前所未有的困难,主席把自己的工资降下来了,404.80元,江青的工资是243元,他们每一分钱都是从我这儿支出。两人基本是实行AA制,各自有一本明细账。主席有几大项开支。吃饭100元左右,包括他请客,如民主人士,主席的民主人士朋友特别多,黄培炎、章士钊等这样的请客都是主席自己掏钱。另一个开支是抽烟,每个月将近100元,还要有几十元的茶叶。那时李敏、李讷上学,费用都从这边出。原来一个孩子一个月15元,随着物价的上涨,提高到30元,花起来很严格,这个月花多花了,下个月就要扣掉。主席家的家具都是租来的,全部加起来84

元一个月,冬天要交取暖费 30 多元,一共是 120 多元。还有一笔开支,是老家来人,有经济困难要补贴的,有来看病的,他们的交通费、饭费,走的时候还要给他们一些。所以钱也十分紧张,我这个管家极其难当。钱不够用,怎么办呢,只好从主席的稿费中拿。主席的稿费是单独管理的,我要用时得打报告,后面附上账单,一笔笔都很清楚。主席签上字后,我才能到中央特别会计室去取钱。

我在主席家做管家 12 年,算了算,主席一共花了 8000 元,反正我手里面的钱一直都很紧张。不管怎么说,主席的健康是关键,得吃好饭。主席从来不吃补品,不吃山珍海味,就是一日三餐。从他一生的吃饭上也可以看出他是人民的领袖。他有个小灶,他对他的家里人说:"小灶是人民给我安排的,你们都无权享用。"主席的女儿、姐姐,都和我们一样到中南海的食堂排队打饭吃。我们每个星期团聚一次,周六晚上团聚。主席的儿女不是那么好做的,主席对他们要求很严格。每次吃饭时,在社会上听到什么要讲给爸爸听,读了什么书也要讲出来,如果主席有看法就交流一下,紧接着布置任务,还要读什么书,下个礼拜再来讲。这顿饭一般吃的时间比较长。主席吃饭很简单,四菜一汤,一个荤菜,一个鱼,一个半荤半素,一个全素。此外,主席吃饭难,睡觉难。你不叫他,不催他,他不知道吃饭,因为文件看不完他就放不下。

你说:"主席,吃饭了。"

他还跟你商量:"等一下,再等一会儿吧。"不能打扰主席的思路,所以一等就没准。菜凉了,又不能反复热。后来,我们叫人做了专门的瓷器,盘子上碗上加个盖,保温,也卫生。后来有人传言主席有专用的瓷器,其实不是那么回事。我们另一个要求是主席的碗要轻,主席碰了一天的书,手很累。主席原来用的碗都是景德镇烧制的,有一次他说:"我们湖南有个醴陵,那个地方的瓷器很好。"我们很快订了醴陵的瓷器,他们让最好的工匠来制作,一个碗重 124克,很轻很薄,透明的,里外有花,以红为主。主席第一次拿这个碗很高兴:"这好啊!"主席很爱自己的家乡。此外,主席吃饭和国内外形势也有关,我们每天翻大参考,一有大事以素为主。因为这时候的主席吃不下饭,荤的肯定不行。

主席非常喜欢吃鱼头,鱼杂、鸡杂他也喜欢。如果中南海打了大鱼,我们

就把它买回来，弄下鱼头后又把鱼身子卖给食堂，一分钱也不敢浪费。主席爱吃小鱼小虾，爱吃肉皮，所以没有吃过补钙的补品。

他吃得十分简单，有时我们说："主席加点菜吧"他说："我吃这个很好了，不少人还吃不饱呢，中国不缺我吃的。要是我拿了国家的钱，部长们、省长们、村长们就都可以拿了。"主席用自己的行为形成了廉政的作风，没有一杯茶不付钱，吃的用的，都照价付款。困难时期，百姓怎么过的，主席就怎么过？跟老百姓一样，主席的腿也肿。他坚持不吃肉，一次上了点肉，主席发脾气。主席也有供货本，布票、油票，北京市民是多少，主席就是多少。他的粮食定量17斤，如果有余下，就给孩子们补贴。为什么困难时期能渡过，主席就是这样过来的，这就是人民的领袖。

主席受到的礼品很多，吃的用的都有。每当别人送来东西，我们就把礼品摆出来给主席看，然后给他清单。然后，吃的东西数量多的送到食堂，换成钱给人家寄回去。数量少就送给司机班，或是别的什么人。当时，录音机，手表——金手表、瑞士的、罗马的，十分稀罕，还有金银首饰，谁看谁都喜欢。然而，主席的孩子也只能拿起来看看，然后再放回去。他们从来不敢拿贵重的物品。

看完主席节俭的故事，我们很难体会。主席都如此，何况我们学生呢？在生活当中，我们应该勤俭节约，用该用的钱，不该用的钱坚决不用。

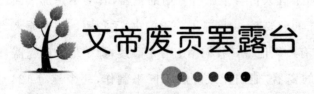

# 文帝废贡罢露台

周勃平定诸吕之乱后，立代王为皇帝。代王即位后，实施了"与民休息"的政策，减免了田租、赋役，使农业生产有所恢复和发展。此外，他又削减诸侯势力，巩固中央集权。历史上，那这一时期称作文景之治。

从战国以来的动乱到汉武帝时期的繁荣鼎盛，汉文帝统治时期是个重要的转折点。只有文帝时期，天下才称得上是真正的太平。汉文帝时期"海内安宁，家给人足"的局面，与汉文帝躬率节俭有着密不可分的关系。

文帝即位不久，就有人给他送上了一匹千里马。但文帝坚决不要，命人将马退还，并付给路费。因为这件事，文帝还废除了由来已久的贡献制度，他下诏宣布："朕不受献也，其令四方毋求来献。"

文帝的节俭，不仅仅是一种品质，更是一种统治艺术，示天下以节俭，然后就能号令百官，不致引起民众的反感或反抗。文帝二年，一个叫贾山的人上书说："秦始皇以八百国民自养，力罢不能胜其役，才尽不能胜其求。一君之身耳，所自养者驰骋弋猎之娱……秦始皇计其功德，度其后嗣世无穷，然身死数月耳，四面而攻之，宗庙灭绝矣。"文帝看后十分赞同这种做法，随即命令掌管皇帝舆马的太仆只留下必要的马匹，多余的全部充公。

汉文帝时期，汉朝的经济正在恢复当中。为此，汉文帝在务本抑末的同时，极力压缩宫廷开支。他在位的23年，宫室、苑囿、车骑、服御等仍维持原状，没有做任何添加。尽管当时有很多富贵人家的生活十分奢侈，但文帝宠姬慎夫人却依然衣裙短到不能拖到地上，帷帐也没有刺绣花纹。有一段时间，文帝想建造一座露台。于是便让工匠设计，结果算出费用需要一百金。文帝听后，吓了一跳，说道："太多了，一百金等于中等人家十家的产业啊！"文帝立即作罢，不再提修露台的事情。

一次，文帝带着群臣去视察霸陵。他对群臣说，如果以北山的坚石为椁，再用絮和陈漆将它们胶固在一起，还有谁能盗墓？群臣听后都齐声称好。但中郎将张释之却说道："要是墓中有别人想要的财宝，就是把南山封锢起来，也还是难逃盗墓之厄运；要是墓中没有财宝，即使没有石椁，也不会有人盗墓"文帝觉得张释之说得很有道理，将其升为廷尉，而且立刻付诸行动，指示修建霸陵只能用瓦器，不得以金银、铜、锡作为装饰，依山原貌造墓，不另起坟。

文帝死前，生怕自己的丧事扰民，就下遗诏命令改革丧葬制度，下令天下

吏民，只服孝三日，无需延长；治丧期间不得禁止百姓娶妇、嫁女、祠祀、饮酒、食肉。

汉文帝是中国历史上为数不多的勤俭皇帝，为了推行节俭之风，他身体力行，着实为人称赞。同时，他的做法也很值得我们学习。

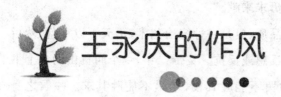

# 王永庆的作风

事业成功的王永庆勤俭节约的作风一直为人们称赞。王永庆从小就吃惯了苦头，所以一直保持着刻苦节俭的习惯。

王永庆有一条用了27年都不肯丢掉的毛巾，虽然很破，但他就是舍不得丢弃。因为时间太长，毛巾缺边少沿，十分难看，而且还经常刺拉皮肤。王永庆的太太十分心疼他，曾经多次拿条新毛巾给王永庆，叫他换一换。但王永庆却说："既然能凑合着用，又何必换新的呢。就是一分钱的东西也要捡起来加以利用。这不是小气，而是一种精神，一种习惯而已。"

王永庆一般不再外面宴请客户吃饭，很多时候都是在台塑大楼后栋顶楼的招待所内宴客。吃饭是，他经常采用"中菜西吃"的方式，让大家围在圆桌边，由侍者逐个分菜，一人一份，吃完再加，既卫生又不节俭。

他公司的职工吃饭也是采取类似的自助餐形式，菜饭都自取，分量不限，但舀到餐盘里的饭菜绝对不可以剩下或倒掉，否则就要受罚。王永庆时常和自己公司的厨师说："汤煮开后就马上用应立即将火关小，汤的温度达到沸点100度以后继续烧，那只会浪费电。"

衣着方面，他也十分节俭，必要时他才会做一套衣服，而不是像一般企业家一样，事先预备好几套西装。一次，王太太发现王永庆的腰围缩小了，平常穿的西装显得不太合身了，便特地请了裁缝师傅到家里给王永庆量尺寸，准备给他定做几套合身的新西服。没想到，他竟然去衣柜里面拿了几套就得出来，让裁缝师把腰身改小，而拒绝定做新的。王永庆觉得：既然还有穿的，就没必要做新的。

在出行方面，他也十分节省，一般只坐经济舱，从来不坐头等舱。到外地考察，只要有招待所就住招待所，很少去住星级宾馆。外出时也反对使用豪华车。许多人都对王永庆在成为台湾大富豪以后，仍然在衣、食、住、行各个方面艰苦节俭表示不理解，但是王永庆对此却有他自己的独特见解。

1975年，王永庆在接受美国圣若望大学赠授博士学位时说了一段叫人深省的话："我幼时无力进学，长大时必须做工谋生，也没有机会接受正式教育，像我这样的一个身无专长的人，永远感觉只有刻苦耐劳才能补其自身的不足。而且，出生在一个近乎赤贫的环境中，如果不能刻苦耐劳简直就无法生存下去。我一直觉得，生活的苦难是上帝给我的恩赐，我十分感谢这些恩赐。"

# 海瑞的俭朴生活

海瑞在淳安做知县的时候，生活各方面都很节俭，衣服是布袍，食物是自己动手加工的糙米，家里所吃的菜，都是自家人种植的。

一次，海瑞寡母生辰，他也只买了二斤猪肉。当时浙江总督胡宗宪，对此十分钦佩。对人说："昨闻海令为母寿，市肉二斤矣！"

高拱和张居正当政时，由于他们跟海瑞有旧怨，都不起用海瑞。海瑞闲居

农家,正遇着清丈土地,地方官吏给他少算了一亩地,海瑞得知后,立即要求更正。

万历初,张居正曾派遣巡按御史到海瑞家乡去调查海瑞情况,这位御史到海瑞家的后山,远见"瑞设鸡黍相对食,居舍萧然"十分敬佩,叹息而去。

海瑞死时,金都御史壬用到海宅视丧,但见葛帏敝赢,有寒士所不堪者,感动得痛哭不止。经过清点遗物,仅存旧衣袍数件,俸银十余两,连料理丧事的钱,还是由王用仍等人捐赠的。对海瑞的死,平民百姓十分惋惜。可用这样一句话来表明:"小民罢市,丧出江上,白家冠送者夹岸,酹而哭者百里不绝。"

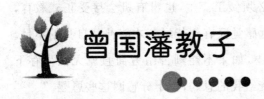

# 曾国藩教子

曾国藩一生遵循着十六字箴言——家俭则兴,人勤则健,能勤能俭,永不贫贱!曾国藩对女儿的要求十分严格,他教育子女和治家,在"勤""俭"二字上下的功夫最深。

曾国藩经常对自己的女儿曾纪芬说道:"吾辈欲为先人留遗泽,为后人惜余福,除勤俭二字,别无他法。""予自三十岁以来,即以做官发财为可耻,以官囊积金遗子孙为可羞。盖子孙若贤,则不靠父辈,亦能自觅衣食;子孙若不贤,则多积一钱,必将多造一孽,后来淫佚作恶,大玷家声。故立定此志,决不肯以做官发财,决不肯以银钱予后人。"

"言必行,行必果",这是曾国藩一生遵循的做事原则。他不仅银钱不予后人,而且还故意让自己女子的生活过得比别人家孩子苦。从咸丰二年开始,曾国藩的原配欧阳夫人带领子女在乡下老家生活。这期间,曾国藩"以廉率属,以俭持家,誓不以军中一钱寄家用"。欧阳夫人居勤居俭,下厨烧灶、纺纱织布,每天的日子都过得很窘迫。

曾国藩的女儿曾纪芬曾经这样回忆道:"先公在军时,先母居乡,手中竟无零钱可用。拮据情形,为他人所不谅,以为督抚大帅之家不应窘乏若此。其时乡间有言,修善堂杀一猪之油,止能供三日之食;黄金堂杀一鸡之油,亦须作三日之用。修善堂者,先叔澄侯公所居,因办理乡团公事客多,常饭数桌。黄金堂则先母所居之宅也。即此可知先母节俭之情形矣。""一鸡之油"须作三日之用,其节俭不言而喻。

曾国藩女儿不少,古有"穷养儿,富养女",曾国藩对女儿的确一点也不含糊,"遂深以妇女之奢逸为虑"。曾国藩认为,凡"世家之不勤不俭者,验之于内眷而毕露"。如花似玉的女儿们,在穿戴上从没享受过其他富家小姐的穿红戴绿的待遇。作为曾国藩女儿的曾纪芬,曾经随便穿一件好一点的旧衣服都被父亲斥为奢侈。

同治三年,曾国藩全家赴金陵,初十入督署。曾纪芬当时穿了一件蓝呢夹袄,配了一条缀青花边的黄绸裤,这条黄绸裤还是已故的长嫂贺夫人遗留下来的。曾国藩看见黄绸裤,便训斥自己的女儿曾纪芬太过奢侈,曾纪芬赶忙拿三姐的一条绿裤换了下来,这才免去父亲的一番责骂。更值得一提的是,曾国藩还为家人制定了一份"功课单",时常召集全部家人,然后当众宣读,人人一份,让他们日日观摩。

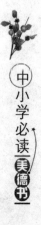

# 吴隐之卖犬嫁女

东晋有个叫吴隐之的人，他自幼丧父，跟着母亲艰难度日，所以从小就养成了勤俭朴素的习惯。当官后，他依旧勤俭节约，厌恶奢华，不肯搬进朝廷给他准备的官府。多年来，全家人一直都住在茅草房里。后来，他的女儿出嫁，人们想他一定会好好操办一下，谁知大喜这天，吴家仍然冷冷清清。谢石将军的管家前来贺喜时，看到一个仆人牵着一条狗往外走，管家问道："你家小姐今天出嫁，怎么一点也没有喜庆的样子？"

仆人说："你快别提了，我们家主人节俭。小姐今天出嫁，昨天晚上才吩咐准备。我原以为这回主人该破费一下了，谁知主人竟叫我今天早晨到集市上去把这条狗卖掉，用卖狗的钱再去置办东西。"

管家感叹道："你说，一条狗能卖多少钱，我看平民百姓嫁女儿也比我家主人气派啊，人人都说吴大人是少有的清官，看来真是名不虚传。"

一个官是不是清官，从办事上最能看出。吴隐之连自己女儿出嫁都办得这么寒酸，可见其生活是多么的简朴！

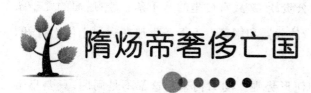

# 隋炀帝奢侈亡国

杨广即位后，做了两件大事：一是在洛阳建造一座新的都城东都，方便自己享乐；二是开一条贯通南北的大运河，使南方的物资能尽快遇到北方。

公元 605 年，隋炀帝派大臣宇文恺负责造东都，宇文恺是当时著名的工程专家。为了迎合隋炀帝，他把工程搞得特别宏大，建筑所需的木材石料都是从很远的地方运来，一根柱子就得用上千人搬运。为了建造东都，朝廷每月征发二百万民工，日夜不停地施工。他们还在洛阳西面专门造了供隋炀帝玩赏的大花园，叫做"西苑"，周围二百里。园里人造的海和假山，亭台楼阁，奇花异草，应有尽有；尤其别出心裁的是到了冬天树叶凋落的时候，他们派人用彩绫剪成花叶，扎在树上，使这座花园四季长春。建造东都的同年，隋炀帝下令征发河南、淮北各地百姓一百多万人，从洛阳西苑到淮水南岸的山阳，开通一条运河，叫"通济渠"；又征发淮南百姓十多万人，从山阳到江都，把春秋时期吴王夫差开的一条"邗沟"疏通。这样一来，洛阳到江南的水路就便利多了。

之后几年，隋炀帝又两次征发民工修建运河，一条是从洛阳的黄河北岸到涿郡——永济渠；一条是从江都对江的京口到余杭——江南河。后来，四条运河连接在了起来，形成了一条贯通南北全长四千里的大运河。这条运河对我国的经济、文化的发展和祖国的统　，起到了加速其进程的作用。毋庸置疑，这是我国成千上万劳动人民用血汗甚至生命换来的。

隋炀帝特别喜欢外出巡游，一来是享乐，二来是向百姓显威风。从东都到江都的运河刚刚完工，隋炀帝就带着二十万人的庞大队伍到江都去巡游。

　　还在运河尚未开通前,隋炀帝就派人建造了上万条大船。出发当天,隋炀帝和妻子萧后分乘两条四层高的大龙船。船上有宫殿和上百间宫室,装饰得金碧辉煌;接着就是宫妃、王公贵族、文武官员坐的几千条彩船;后面的几千条大船,装载着卫兵和他们随带的武器和帐幕。上万条大船在运河上依次排开,足足有两百多里长。

　　然而这样庞大的船队如何形势呢?动力何来?这都不是问题,只要皇帝愿意享乐,就一定有人愿意替皇帝打算。运河两岸后,修筑好了柳树成荫的御道,八万多名民工,被征发来给他们拉纤,还有两队骑兵夹岸护送。运河上行驶着装扮得光彩耀目的船只,陆地上飘扬着五颜六色的彩旗。一到晚上,灯火通明,鼓乐喧天,真是说不尽的豪华景象。

　　为了满足庞大随从人员的日常生活,隋炀帝命令两岸的百姓,给他们准备吃的喝的,叫做"献食"。那些州县官员,就逼着百姓办酒席送去,有的州县,送的酒席多到上百桌。别说隋炀帝吃不了那么多,就连他带的宫女太监、王公大臣一起吃,也吃不完。留下的许多剩菜,就在岸边掘个坑埋掉。可那些被迫献食的富贵人家呢,几乎家家都弄得倾家荡产。江都在当时是个繁华的地方。隋炀帝到江都后,一面游玩享乐,一面大摆威风。为了装饰一个出巡时候用的仪仗,就花了十多万人工,耗费的钱财更是上亿。半年后,隋炀帝率领着自己的船队回到了东都。

　　一年,爆发了战争。隋炀帝从江都乘龙船,沿着大运河直达涿郡,亲自指挥这场战争。他下令全国军队,一律向涿郡集中,并派人在东莱海口督造兵船三百艘。很多造船的民工在官吏监视下整天整夜都浸泡在水里,时间一长下半身都腐烂了,许多人受不了这样的折磨,倒在海里就死了。

　　随后,隋炀帝又命令河南、淮南、江南各地督造五万辆大车,送到高阳,给兵士运输衣甲、帐幕。然后他又征发江、淮以南民夫和船只把黎阳和洛口仓的粮食运到涿郡。于是,无数的车辆,无数的船只,不分白天黑夜,沿着陆路和运河源源不断由南向北,形成一支滚滚洪流。几十万运输物资的民夫,在半路上有不少累死饿死,沿路都是倒毙的尸体。由于民夫死亡太多,耕牛也被征发拉车,弄得田园荒芜,民不聊生。

人民忍受不了这样的折磨,很多人都奋起反抗。人民的反抗动摇了隋炀帝的江山。因隋炀帝一味追求享乐,骄奢淫逸致使百姓按捺不住,最终动摇了自己的江山。

虽然我们不是皇帝,但同样给我们敲响了警钟,告诫我们要从小养成勤俭节约的习惯,不要养成铺张浪费的恶习。

# 廉洁奉公的好宰相

唐朝的宰相卢怀慎一生清正廉洁,从来不搜刮百姓钱财,他家的住宅和家里的陈设都十分简陋。卢怀慎做官一户,虽然身份高贵了,可她的妻儿时常免不了挨饿受冻。然而,他对待亲戚朋友却十分大方。

他在东都(洛阳)选拔官吏的时候,随身的行李全部加起来只用一个布袋就能装下。他出任黄门监兼吏部尚书期间,病了很长时间,宋璟和卢从愿经常去探望他。卢怀慎躺常常躺在一张薄薄的破竹席上,外面的门连个帘也没有。每次天公不作美,遇上刮风下雨,只好用席子遮挡。卢怀慎平素很器重宋璟和卢从愿,看到他们俩来了,心里非常高兴。每次,都把他们留在家里吃饭,饭菜也很简单,端上来的只有两盘蒸豆和几根青菜,此外也没有什么珍贵的东西。卢怀慎握着宋璟和卢从愿两个人的手说:"你们两个人一定会当官治理国家,皇帝寻求人才和治理国家的策略很急迫。但是统治的时间长了,皇帝身边的大臣就会有所懈怠,这时就会有小人乘机接近讨好皇帝,你们两个人一定要记住。"

几天后，卢怀慎病死了。死前，他给皇帝写了一封推荐信，信中他极力推荐宋璟、卢从愿、李杰和李朝隐。皇帝看了卢怀慎的推荐信后，感叹不已。

家人给卢怀慎办丧事的时候，因为家里没钱办不出好的酒席，只好叫老仆人做了一锅粥给帮助办理丧事的人吃。

一次，玄宗皇帝到城南打猎，途经一间破庙，看到一户房屋简陋的人家正在举行什么仪式，便派人骑马去询问。那人回来后，对皇帝说道："那里在举行卢怀慎死亡两周年的祭礼，正在吃斋饭。"玄宗于是赏赐细绢帛，并因此停止了打猎。

根据民间传说，卢怀慎去世时的时候，他的女儿哭得很惨。卢怀慎的妻子为了不然自己的女儿太过伤心，对女儿说道："你的父亲没事，你父亲一辈子清正廉洁，不争名利，谦虚退让，各地赠送的东西，他一点也不肯接受。他与张说同时当宰相，如今张说收受的钱物堆积如山，人还活着，而奢侈和勤俭的报应怎么会是虚假的呢？"

当天晚上，据说卢怀慎又活了过来。醒来后，守在卢怀慎左右的人把她夫人的话告诉了他，卢怀慎说："道理不一样，阴间有三十座火炉，专门用来烧烤酷刑那些发不义横财的人。但没有一座是给我准备的，我在那里不需要承受罪责了。"说完，又死了。